21일 동행 기도

21 Days of Prayer for Korea

●

하나님 마음으로 한반도를 품고
21일간 기도하기

21 Days of Praying God's Heart
for the Nation of Korea

21일 동행 기도

21 Days of Prayer for Korea

하나님의 마음으로 한반도를 품고 21일간 기도하기

21 Days of Praying God's Heart for the Nation of Korea

초판 1쇄 First Edition **2016. 11. 20**

지은이 Author _ 한반도를 품은 무명의 기도자 A nameless prayer person for Korea

펴낸이 Publisher _ 이태형 Lee Tae Hyung

펴낸곳 Publishing Company _ 국민북스 Kookmin Books

마케팅 Marketing _ 김태현 Kim Tae Hyun

디자인 Design _ 서재형 Seo Jae Hyung

그림 Painting _ 김은기 Kim Eun Ki

번역 Translation _ 서민경 Seo Min Kyung

등록번호 Registration Number _ 406-2015-000064

등록일자 Registration Day _ 2015. 4. 30

주소 Address _ 경기도 파주시 문발로 139 고래곰나비 402호 〒우편번호 108881
Paju-si, Munbalro 139, 402 Kyung-kido, Korea 〒108881

전화 Tel _ 031-055-0707

이메일 E-mail _ kirok21@naver.com

ISBN _ 979-11-957410-7-6 03230

21일 동행 기도

21 Days of Prayer for Korea

하나님 마음으로 한반도를 품고
21일간 기도하기

21 Days of Praying God's Heart
for the Nation of Korea

국민북스

목

차

이 책은 "북한을 위해 기도하자"는 오직 하나의 염원으로 만들어졌습니다. 북한은 60년 이상 그들만의 삶의 방식을 고수한 은둔국가입니다. 이런 긴 시간의 고립에도 불구하고 최근 우리는 그 나라 안을 조금씩 들여다볼 수 있게 되었습니다. 북한은 물질적·정서적·영적 필요 등 수많은 지원이 요청되는 땅입니다. 모든 것이 필요하지만 그 중에서도 가장 중요한 것은 기도의 지원입니다.

1945년 미국과 러시아가 한반도를 남한과 북한이라는 두 개의 국가로 분리시키면서 북한의 역사는 시작되었습니다. 남한은 미국에 의해 자유민주주의 국가로 건립되었습니다. 반면 북한은 러시아의 주도하에 사회주의 국가로 세워졌습니다. 우리가 북한을 생각할 때 가장 먼저 떠올리게 되는 이미지가 무엇입니까? 핵무기, 독재자, 굶주린 사람들과 같은 부정적인 이미지입니다. 그런데 이런 이미지들이 과연 북한의 모습 전부일까요? 우린 영적인 측면에서 북한 땅을 바라볼 필요가 있습니다.

한 민족이나 국가를 생각할 때, 인간적 시각으론 그 외면적 모습만을 보기 쉽습니다. 그러나 우리가 반드시 기억할 것은 하나님께서는 중심을 보신다는 사실입니다.(사무엘상 16:7) 외면은 깊은 내면이 표출된 것입니다. 마찬가지로 우리가 보는 북한의 외면적 모습은 그 중심에 근간을 둔 것들입니다. 하나님께서는 북한의 외면만이 아니라 중심의 변화를 원하고 계십니다. 북한의 깊은 내면이 변할 때, 자연스레 외면 또한 바뀌게 될 것입니다. 그러므로 이 기도 책은 북한의 내적 문제, 즉 영적 측면의 변화에 집중하고 있습니다.

하나님께서는 궁극적으로 북한 사람들이 하나님을 자신들의 주님이자 구원자로 알게 되기를 원하십니다. 이 일이 일어나기 위해서는 북한 사람들 마음이 주님을 향해야 합니다. 북한 사람들의 마음이 주님께 돌아서는 것과 함께 우린 그 땅에 거대한 부흥이 일어나기를 기도해야 합니다.

북한과 그 땅의 소중한 사람들을 위해 우리 모두 함께 기도하기를 소망합니다. 북한을 위한 기도의 비밀은 하나님께서 우리를 통해 한반도 전체를 위해 기도하게 하실 때 밝혀질 것입니다. 이 책이 북한을 위한 기도에 좋은 길잡이가 되기를 바랍니다.

This booklet is a call for prayer for North Korea. North Korea: a reclusive country that has managed to maintain its way of life for over sixty years. But despite this isolation, in recent years we have started to get a glimpse inside the nation. It is a nation of many needs, whether those needs are physical, emotional, or spiritual. But out of all the country's needs, one need is certain. It is a nation in great need of prayer.

The history of North Korea began in 1945 when the U.S. and Russia divided South and North Korea into two countries. South Korea became a democratic nation established by the United States, whereas Russia set up a communist nation through Kim Il Sung in North Korea. What do we really know of North Korea? Thanks to the media, when we think of North Korea, often images of nuclear weapons, an evil dictator, or starvation pop up in our minds. Is this all there is to know about North Korea?

When viewing a nation or a people group, man often

looks at the outward appearance, but God looks at the heart. (I Samuel 16:7) What we see on the surface of North Korea is rooted in issues of the heart. God's desire is not just to look at the outward appearance but also to transform the hearts of North Koreans. Therefore, this prayer booklet focuses on the inner issues of North Korea; which are its spiritual strongholds.

God's ultimate desire is to see North Koreans come to know Him as their Lord and Savior. For this to happen, the hearts of North Koreans must be prepared for the Lord. When the hearts of North Koreans are ready, we pray that a great revival will break out in that land.

Won't you join us in praying for the nation and people of North Korea? The secret to praying for North Korea is to allow God to work through us to pray for the entire nation of Korea.Use the material in this booklet to guide you as you pray for the needs of this nation.

견고한 진을 인식하자

지난 60여 년간 북한은 철저히 닫힌 땅이었습니다. 그 기간 동안 북한 안에 크리스천들이 들어가 사는 경우는 거의 없었습니다. 그러나 최근 몇 년간, 북한으로 통하는 작은 창이 열리기 시작했습니다. 크리스천 사역자들이 들어가면서 새로운 영적 분위기가 그 땅에 스며들었습니다. 크리스천 사역자들이 직접 북한 땅을 밟고, 실상을 보면서 깨달은 점이 있습니다. 기도입니다! 북한의 문을 여는 열쇠는 바로 기도라는 사실입니다. 그들은 북한을 위한 중보 기도의 필요성을 절감했습니다. 야고보서 5장 16절의 말씀대로 의인의 간구는 역사하는 능력이 있고, 놀라운 결과를 낳게 됩니다. 때를 얻든지, 못 얻든지 우린 기도해야 합니다. 그런데 그저 기도해선 안 됩니다. 북한의 영적 필요를 정확하게 채우는, 능력 있고 효율적인 기도를 드려야 합니다. 중보자들로 하여금 북한을 위해 그런 효과적인 기도를 드리도록 하는 것이 우리의 목표입니다.

지금 한반도에는 영적인 견고한 진이 드리워져 있습니다. 이 강력한 진은 남과 북 모두에게 존재합니다. 이 견고한 진이야말로 한반도를 장기적으로 분열시키고 있는 뿌리 깊은 원인입니다. 이 실체를 알아야 합니다. 이런 견고한 진들은 사회 뿐 아니라 남한의 교회 내에도 존재합니다. 강원도 태백의 영성공동체인 예수원을 설립한 고 대천덕(Archer Torrey) 신부님은 생전에 "통일의 첫 번째 조건은 한국 내 교회의 분열을 회개하는 것"이라고 말하셨습니다.[1] 대 신부님의 말씀대로 남한의 교회는 분열되어 있습니다. 우리는 북한 내부의 견고한 진이 무너지도록 기도해야 합니다. 동시에 남한 교회 내부의 견고한 진 역시 무너지도록 기도해야 합니다. 북한의 문을 여는 열쇠인 기도는 한반도 전체를 여

---

1. 루벤 아처 토레이 (Torrey, Rueben Archer), 「통일을 위한 영적 조건들」, 통일논단, 서울, 대한민국, 1993.

는 영적 열쇠가 될 것입니다.

한국인이든 아니든, 북한을 위해 사역하고 기도하는 모든 사람들은 한반도의 견고한 진을 무너뜨리는데 일익을 담당해야 합니다. 악의 세력, 견고한 진과 맞서는 가장 강력한 방법은 하나님의 전신갑주를 입는 것입니다.(에베소서 6:10~18) 하나님의 전신갑주가 무엇입니까? 하나님의 진리와 하나님의 의, 평안의 복음, 믿음, 구원, 하나님의 말씀입니다. 이런 하나님의 전신갑주로 무장해 모든 기도와 간구를 하되 항상 성령 안에서 기도하고 이를 위하여 깨어 구하기를 항상 힘써야 합니다.(에베소서 6:18) 한반도에 드리운 영적인 견고한 진을 부수기 위해선 우리의 힘으론 안 됩니다. 하나님의 기름 부으심을 받아야 합니다. 오직 하나님의 힘으로 그것들에 맞서야 합니다. 그래서 우린 무엇보다 먼저 기도해야 합니다.

한반도에 만연된 영적인 견고한 진은 교만과 두려움, 공포, 거짓, 용서하지 못함, 우상숭배, 분열, 통제, 절망 등입니다. 이러한 견고한 진을 무너뜨릴 수 있는 것은 주님께서 주시는 겸손과 사랑, 진리, 용서, 믿음, 예배, 연합, 신뢰, 자유, 희망 등입니다. 우리는 주님이 부어주시는 이런 것들을 통해 어둠의 세상 권세와 악을 극복 할 수 있습니다.

하나님의 전신갑주를 입고 성령의 기름 부으심을 받아 북한을 위해 기도하며 앞으로 나아갑시다. 하나님께서는 "내 이름으로 일컫는 내 백성이 그들의 악한 길에서 떠나 스스로 낮추고 기도하여 내 얼굴을 찾으면 내가 하늘에서 듣고 그들의 죄를 사하고 그들의 땅을 고칠지라"고 말씀하셨습니다.(역대하 7:14) 우리가 스스로를 낮추고 기도하고 회개하며 성령의 기름 부으심을 통해 앞으로 나아갈 때, 이 땅에 드리운 영적인 견고한 진은 무너질 것입니다. 하나님께서는 남한과 북한 땅, 이 사랑스런 한반도 전체를 치유하고 회복시키실 것입니다. 이 소망이 실재가 될 수 있도록 기도하며 나아갑시다.

오늘의 기도 제목

✣ 북한을 위해 기도하는 동안 우리 스스로의 삶에 자리 잡은 영적인 견고한 진 또한 무너지도록.

✣ 남한과 북한, 한반도 전체에 치유와 회복이 임하기를.

✣ 북한 내에서 활동하는 크리스천 사역자들이 기름부음을 받고 풍성한 성령의 열매를 맺을 수 있도록.

✣ 그들이 주님의 영으로 충만해 그 땅에 깃든 영적인 견고한 진에 담대히 맞설 수 있는 능력을 지니도록.

지금 한반도에는 영적인 견고한 진이 드리워져 있습니다.
우리가 스스로를 낮추고 기도하고 회개하며
성령의 기름 부으심을 통해 앞으로 나아갈 때,
이 땅에 드리운 영적인 견고한 진은 무너질 것입니다.

RECOGNIZING THE STRONGHOLDS

For the past sixty plus years, North Korea has remained a closed nation. Few Christians have been able to enter and live in North Korea. But in recent years, a small window has opened into North Korea. A new wave of Christian workers has started to penetrate the nation. Christians have begun to enter and see first hand the conditions of North Korea. In response, there has been a great call to prayer: a call to pray for the keys to unlock the nation for Christ. As James 5:16 states, "The earnest prayer of a righteous person has power and produces wonderful results." Our aim should not just be to pray but to pray with power and effectiveness for the nation of North Korea.

Spiritual strongholds in the Korean nation, in both the north and south, are part of the reasons for the long-lasting division of the nation. These spiritual strongholds have also penetrated the church in South Korea. Archer Torrey stated that, "The first condition for reunification is repentance for the disunity in Christianity in Korea."[1] The church in South Korea is divided. Yes, we need to pray for the breakdown of strongholds in North Korea. But, at the same time, we need to pray down the strongholds in the South Korean church. The key to unlocking North Korea is to unlock the spiritual keys for the entire nation and peninsula of Korea.

Whether we are Korean or not, as we minister to and pray for North Koreans, we all have a part in dissolving the strongholds of Korea. According to Ephesians 6:10-18, the

---

1. Torrey, Rueben Archer.「The Spiritual Conditions for Reunification」, Reunification Magazine (Tongil Nondan), Seoul, South Korea. 1993.

strongest way to stand against the devil is to put on the armor of God. This armor includes God's truth, God's righteousness, peace from the Gospel, faith, salvation, and the Word of God. Finally, we are commended to "pray in the Spirit at all times and on every occasion" (Eph. 6:18). Therefore, as we approach the spiritual strongholds of Korea, we combat them with anointing from God.

While approaching the spiritual strongholds of Korea: the spirit of pride, fear and intimidation, lies, unforgiveness, idolatry, division, independence, control, abandonment, and despair, we are to walk in the opposite spirit of the Lord. By walking in humility, love, truth, forgiveness, faith and worship, unity, dependence upon the Lord, freedom, belonging in Christ, and hope, we overcome the powers of this dark world and evil spirits in the heavenly places.

Let us go forth in the armor of God and the anointing of His Spirit as we pray for the nation of Korea. God promises us that, "If my people who are called by my name will humble themselves and pray and seek my face and turn from their wicked ways, I will hear from heaven and will forgive their sins and restore their land" (2 Chron. 7:14). As we humble ourselves, pray, repent, and go forth in the anointing of God's Spirit, we are breaking down the strongholds of the nation. In response, God promises to bring healing and restoration to the land and nations of North and South Korea.

Prayer Points:

✤ Pray for God to break down spiritual strongholds in your own life as you pray for North Korea.

✤ Pray for God to bring healing and restoration to the nation of Korea: both the North and the South.

✤ Pray for Christian workers in North Korea to be anointed with the fruits of the spirit and to have the power to walk in opposition to the spiritual strongholds.

이 땅을 붙잡고 있는
거인들을 대적하자

현재 북한의 영적 상태는 암흑 그 자체입니다. 북한에 흑암의 권세가 가득한 것은 하나님의 영광이 그 땅을 떠났기 때문입니다. 죄로 인해 하나님의 영광이 그 땅을 떠났습니다. 일단 사람이 죄를 짓게 되면 대적이 우리 영역에 들어올 틈을 내어 주게 됩니다. 사탄이 북한 땅에 들어왔고 사람들의 마음과 생각을 미혹했습니다. 사람들의 눈을 가렸습니다. 그래서 결국 사탄 자신이 그 땅을 장악하게 됐습니다. 북한 땅이 영적으로 어두컴컴하게 된 것은 그런 이유 때문입니다.

지금 북한 땅에 하나님의 영이 다시 임재토록 하는 것이 절실하게 필요합니다. 하나님의 영광이 그 땅에 다시 임하게 하는 열쇠는 기도입니다. 요한계시록 8장 3절에서 5절은 하나님 백성의 기도가 하나님의 금향로를 채우고 땅에 부어지는 것을 묘사하고 있습니다. 기도는 우리로부터 시작되어져야 합니다. 야고보서 5장 16절은 "죄를 서로 고백하며 병이 낫기를 위하여 서로 기도하라"고 우리에게 권면합니다. 죄의 고백과 서로를 위한 간절한 기도를 통해 북녘 부흥의 길은 닦아지게 됩니다.

기도를 통해 북한과 남한에 접근하기 위한 효과적이고 전략적인 방법이 있습니다. 예수님께서는 "내가 천국 열쇠를 네게 주리니 네가 땅에서 무엇이든지 매면 하늘에서도 매일 것이요 네가 땅에서 무엇이든지 풀면 하늘에서도 풀리리라"고 말씀하셨습니다.(마태복음 16:19) 존 폴 잭슨(John Paul Jackson)은 "이 땅에서, 이 땅을 위해 싸워야 한다"고 강조합니다.[2] '이 땅'이 중요합니다. 우린 이 땅에서 영적 전쟁을 치러야 합니다. 예수님께서는 이미 우리에게 하나님 나라를 이 땅에 임하게 하는 결정적인 열쇠를 주셨습니다.

---

2. 3. 존 폴 잭슨 (Jackson, John Paul), 「Needless Casualties of War」, Streams Publishing House, North Sutton, New Hampshire. 1999.

그러므로 한반도를 위해 기도할 때, 우린 하나님 자체와 그분이 이 땅에서 하시고 있는 일에 초점을 맞춰야 합니다. 인간적인 뜻과 계획, 의지가 아니라 하나님께 집중해야 한다는 말입니다. 또한 우리는 하나님께서 성경에서 제시하신 언약의 규칙을 따라야 합니다. 그 언약의 규칙은 첫째, 하나님의 보좌에 겸손으로 다가가야 한다는 것입니다. 잭슨은 "겸손과 회개의 자세를 취할 때라야 우린 주변의 영적 흐름을 바꿀 수 있다"고 했습니다.[3] 우리는 예수님이 이 땅에서 사탄을 대할 때 하셨던 그 방법을 따라야 합니다. 인간의 죄로 인해 하나님은 어떤 특별한 정사와 권세가 지리적인 영역 안에 존재하는 것을 허락하셨습니다. 이런 권세를 묶기 위해서는 그것을 허락하신 하나님께 의지해야 합니다. 이 땅에 사탄의 영역이 자리 잡을 수 있게 된 것은 인간의 죄 때문입니다. 그래서 우린 철저히 겸손해야 합니다. 겸손을 통해 영적 흐름을 바꿀 수 있도록 해야 합니다. 오직 겸손할 때만, 우린 우리의 삶에 하나님의 영이 개입되어야 한다는 사실을 인정하게 됩니다. 성령님만이 인간의 죄를 판단하실 수 있습니다. 죄악으로 가득한 우리 마음과 삶이 소생하기 위해선 하나님의 다시 살리시는 손길이 간절히 필요합니다. 그래서 우린 하나님이 우리를 다스려 달라고 기도해야 합니다.

영적 전투에서 승리하기 위한 두 번째 언약의 규칙은 공동으로 죄를 고백하는 것입니다. 이 땅에서 사탄이 잠식한 영역을 제거하는데 사용될 가장 강력한 무기는 선조들과 우리가 지은 죄를 자복하고 회개하는 것입니다. 이에 대해선 다니엘서 9장에 설명되어 있습니다. 다니엘은 '거룩한 신들의 영이 있는 사람'으로 알려져 있습니다.(다니엘서 5:11) 그는 꿈을 해석하고 사자굴에서 생존했으며, 천국의 환상을 보았습니다. 그럼에도 그는 다니엘서 9장 8~9절에 보이듯 이스라엘의 죄를 자신의 죄악으로 인정했습니다. 그는 이스라엘 백성과 조상들의 죄를 '그들'이 아닌 '우리'라는 표현을 사용하여 개인적으로 고백했습니다. 그리고 그는 이스라엘을 위해 하나님의 용서와 자비를 구했습니다. '거룩한 신들의 영이 있는 사람'인 다니엘은 자신이 고백한 그 죄를 직접적으로 짓지는 않았습니다. 그럼에도 그는 그 나라 가운데 하나님의 영광이 회복되도록 하기 위해 자기 민족을 대신해 죄를 고백했습니다. 우리 역시 균열된 한반도에 의의 벽을 다시 세우기 위해 백성과 조상들의 죄를 회개하도록 부름 받았습니다. 한반도라는 땅에 성을 쌓으며 무너진 데를 막아서서 하나님으로 하여금 이 땅을 멸하지 못하게 할 사람이 바로 기도하는 당신입니다.(에스겔서 22:30)

영적 전투에 대한 세 번째 언약의 규칙은 교회 위에 성령이 임하도록 기도하는 것입니다. 우리는 강렬하고 지속적이며, 순수하고 충실하게 기도해야 합니다. 순수하게 기도하기 위해서는 먼저 우리 스스로의 죄가 없어져야 합니다. 따라서 한반도에 깃든 영적인 견고한 진과 맞서기 위해서는 개개인이 철저하게 죄를 고백해야 합니다. 또한 매일의 삶 속에서 견고한 진과는 정반대쪽에 있는 성령의 열매를 맺기 위해 나가야 합니다. 기도에는 인내가 필요합니다. 비록 우리가 지금 당장 그 결과를 보지 못한다 해도 지속적으로 기도해야 합니다. 누가복음 18장에는 재판장을 끊임없이 찾아간 과부의 이야기가 나옵니다. 예수님께서는 응답을 볼 때까지 지속적으로 기도하라고 말씀하십니다. 그분은 "하나님께서 그 밤낮 부르짖는 택하신 자들의 원한을 풀어 주지 아니하시겠느냐 … 내가 너희에게 이르노니 속히 그 원한을 풀어 주시리라"(누가복음 18장 7~8절)고 말씀하십니다. 우리는 하나님께서 응답하실 때까지 충실하게 강청하며, 지속적으로 기도하도록 부르심을 받았습니다.

남한과 북한, 한반도 전체에 다시금 성령의 기운이 넘치게 하기 위해선 회개하며 스스로 겸비해 기도해야 합니다. 언제나 하나님께 초점을 맞춰야 합니다. 하나님께서 지금 이 땅에서 어떠한 일을 하고 계시는지 주목해야 합니다. 우리는 혈과 육이 아니라 통치자들과 권세들, 어둠의 세상 주관자들과 하늘에 있는 악한 영들과 씨름하고 있다는 사실을 기억해야 합니다. 우린 지금 영적 전투를 치르고 있습니다. 그래서 이 땅을 사로잡고 있는 정사와 권세를 없앨 수 있는 궁극적인 권한과 능력은 우리가 아니라 하나님께만 있다는 사실을 인정해야 합니다.(에베소서 6:12)

우리가 하나님의 나라가 이 땅 가운데 임하기를 간절히 구할 때, 우리 기도를 들으시는 하나님께서 하늘에서 먼저 묶으시고 풀어 놓으십니다. 천국의 열쇠를 통해 우리는 예수 그리스도께 받은 권능으로 한반도에서 하나님의 영광을 다시 회복시킬 수 있습니다. 우리가 진정으로 한반도의 회복과 치유를 갈망할 때, 예수님께 우리의 시선을 고정하는 한편 남한과 북한의 중심에서 하나님께서 지금 하고 계시는 일에 집중하기 원하는 마음을 갖게 됩니다. 이 마음을 지닌 사람들은 무엇보다도, 어떤 일을 하건, 모든 것을 통해 하나님께 영광 돌릴 수 있기를 소망하게 됩니다!

오늘의 기도 제목

✽북한을 위해 기도할 때, 겸손의 신선한 기름부음 받기를.

✽북한 사람들 마음 안에 하나님의 회복과 용서가 임하기를.

✽남한과 북한의 교회들에 성령의 임재가 넘치기를.

북한 땅에 하나님의 영이 다시 임재토록 해야 합니다.
하나님의 영광이 그 땅에 다시 임하게 하는 열쇠는 기도입니다.
우리가 간절히 기도할 때, 우리 기도를 들으시는 하나님께서
하늘에서 먼저 묶으시고 풀어 놓으십니다.

FACING THE GIANTS – APPROACHING OUR BATTLES IN A SPIRITUAL CONTEXT

The current spiritual condition of North Korea is due to God's glorious presence leaving the land. God's glory left the land because of sin. Once people sinned, they gave a foothold to the enemy. Satan came in and deceived the people's minds and understanding. He blinded their eyes to the work of the enemy, allowing Satan to rule the land.

North Korea is in desperate need of a re-visitation of God's Spirit. But, how do we invite God's glory to return to that land? The key to revival is prayer. Revelations 8:3–5 describes the prayers of God's people filling up bowls of incense in heaven and being poured out upon the earth. Prayer must start with us. James 5:16 admonishes us to "confess your sins to each other and pray for each other so that you may be healed." Our confessions and prayer for one another pave the way for revival.

There are effective, strategic ways in which we can approach both North and South Korea in prayer. Jesus said that "I will give you the keys of the Kingdom of Heaven, and whatever you bind on Earth will be bound in Heaven, and whatever you loose on Earth will be loosed in Heaven." (Matthew 16:19) John Paul Jackson encourages us that we must fight for the Earth, on the Earth.[2] Jesus has already given us the keys to advance his Kingdom on earth.

Therefore, as we approach prayer for the peoples of Korea our focus is to be on God and what he is doing in the land. But

---

2. 3. Jackson, John Paul. 「Needless Casualties of War」, Streams Publishing House, North Sutton, New Hampshire. 1999.

we also must follow the rules of engagement God has outlined for us in Scripture. First, we are to approach the throne of God in humility. Again, John Paul Jackson reminds us that, "embracing a posture of humility and repentance will alter the atmosphere around us."[3] We are to follow Jesus' example in the way that he dealt with Satan on Earth. Due to man's sin, God has allowed certain principalities to exist over geographic regions, so we are to look to God for the binding of these powers. We are to approach in humility, as the root of Satan's dominion over earth is mankind's sin. In our humility, we recognize that we need God's Spirit to intervene in our lives. Only the Holy Spirit can convict people of their sins. Thus, we pray to God for his intervention as we are desperately in need of his reviving touch in our hearts and lives.

The second approach for spiritual warfare is corporate confession. Repentance from our sins and those of our forefathers is a powerful weapon in removing the legal ground that Satan has taken. This is demonstrated in the book of Daniel chapter 9. Throughout the book of Daniel, Daniel is renown as a man "who has the spirit of the holy gods" (Daniel

5:11). He interprets dreams, is saved from the lion's den, and sees visions from heaven. Yet in Daniel 9:8-9, he identifies with the sin of Israel. Daniel personally confesses the sins of his people and his ancestors by using the word "we" and not "they". He seeks for God's forgiveness and mercy for the nation of Israel. Although he personally was not guilty of these sins, Daniel confessed on behalf of his people to see God's glory return to their nation. We, too, are called to repent on behalf of the people we represent, to stand in the gap on behalf of the Korean nation, to rebuild the wall of righteousness. (Ezekiel 22:30)

Finally, the third approach for spiritual warfare is to pray for the release of the Holy Spirit upon the church. We are to pray fervently, persistently, purely, and faithfully. In order to pray purely, we must first rid ourselves of our own sin. Thus, combating the spiritual strongholds of Korea requires a personal confession of those sins in our lives and walking in the opposite fruits of the Spirit. It requires us to continue praying even though we may not see results. In the parable of the persistent widow in Luke 18, Jesus instructed us to keep on praying until we see a response. Jesus said, "So don't you think God will surely give justice to his chosen people who cry out to him day and night ... I tell you, he will grant justice to them quickly" (Luke 18:7-8). We are called to be faithful and persistent in our prayers until God answers.

Therefore, we are to approach prayer for Korea with humility, in the spirit of repentance, to invite a release of the Holy Spirit upon both North and South Korea. We are to focus on what God is doing in the nation. God has the ultimate authority and power to remove principalities and powers, for our battle is not against flesh and blood but against the evil rules and authorities of the unseen world. (Ephesians 6:12) God first binds and looses in heaven as we seek for his kingdom to come on Earth. With these keys to heaven, we have the authority given by Jesus Christ to restore God's glory to the nation of Korea. As we desire healing and restoration for the Korean nation, we want to keep our eyes fixed on Jesus and to focus on what God is doing and will do in the hearts of North and South Koreans. Above all, in whatever we do, we desire it to be done unto the glory of God!

Prayer Points

✤ Pray for a fresh anointing of humility as you pray for the nation of North Korea.

✤ Confess on behalf of nations and peoples that committed sins against the people of North Korea. Ask God for forgiveness and restoration in these areas.

✤ Pray for a release of the Holy Spirit upon the churches in both North and South Korea.

겸손으로 나아가자

　아마도 남한과 북한 모두에게 존재하는 가장 큰 영적인 견고한 진은 교만일 것입니다. 교만은 본질상 죄에 깊은 뿌리가 있습니다. 크리스천으로서 교만의 영에 맞서는 방법은 그에 반대되는 겸손의 영으로 나아가는 것입니다.

　건강한 자신감은 나쁜 것이 아닙니다. 그러나 여기서 말하는 자신감이라는 것은 자신의 국가와 민족에 대한 지나친 우월감을 의미합니다. 그것은 오만하고 거만하며, 타인을 모욕하는 교만입니다. 실제로 모든 국가들에게 이러한 교만은 어느 정도 존재합니다. 죄로 인한 교만은 한국인들에게만 나타나는 특이한 점이 아닙니다. 다른 나라에도 죄에서 기인한 교만이 존재한다며 그것을 정당화해선 안 됩니다. 한반도의 회복을 위해 우리는 교만이라는 견고한 진과 맞서야 합니다.

교만은 대부분의 한국 문화에 스며들어 있습니다. 일상 대화에서 한국인들은 자기 민족과 문화가 다른 나라에 비해 우월하다는 것을 곧잘 드러냅니다. 예를 들어 한국인들은 한국의 음식 문화가 세계에서 가장 건강한 식단이라고 여깁니다. 과학적으로 꼭 그렇지만은 않다고 밝혀졌음에도 불구하고 말입니다. 한국인의 자민족 중심주의는 너무나 강해 자신들이 다른 나라를 방문할 때에도 그 나라 사람들을 '외국인'이라고 부르기까지 합니다.

우리는 우리 스스로를 낮춰 이러한 교만에 대응해야 합니다. 겸손이야말로 주 예수 그리스도 안에서 한반도를 여는 열쇠가 될 것입니다. 잠언 11장 2절에는 "교만이 오면 욕도 오거니와 겸손한 자에게는 지혜가 있느니라"고 기록되어 있습니다. 바벨탑 사건에서 사람들이 저마다 다른 언어를 지닌 부족으로 흩어지게 된 이유는 바로 교만 때문이었습니다.(창세기 11:3~9절) 마찬가지로 한반도가 남한과 북한으로 나눠지게 된 원인도 교만 때문이었습니다.

따라서 우리가 한반도의 문제에 임할 때에 겸손한 태도를 지녀야 합니다. 이 성경 말씀을 기억하십시오. "하나님은 교만한 자를 대적하시되 겸손한 자들에게는 은혜를 주시느니라. 그러므로 하나님의 능하신 손 아래에서 겸손하라. 때가 되면 너희를 높이시리라"(베드로전서 5:5~6절)

우리는 스스로의 특권을 포기해 다른 사람들에게 그리스도를 보여줌으로써 겸손을 드러낼 수 있습니다. "너희 안에 이 마음을 품으라 곧 그리스도 예수의 마음이니 그는 근본 하나님의 본체시나 하나님과 동등됨을 취할 것으로 여기지 아니하시고 오히려 자기를 비워 종의 형체를 가지사 사람들과 같이 되셨고 사람의 모양으로 나타나사 자기를 낮추시고 죽기까지 복종하셨으니 곧 십자가에 죽으심이라"(빌립보서 2:5~8절) 북한 주민들에게 다가갈 때 우리는 그리스도를 드러내어야 합니다. 북한에서 생명의 주님을 드러내기 위해 우린 스스로 낮아져 섬기는 자세를 가져야합니다. 빌립보서 2장은 많은 이를 구원하기 위해 자신을 낮추신 예수님을 묘사하고 있습니다. 예수님께서는 하나님과 동등한 자신의 위치를 유한한 인간이라는 존재로 낮추신 것뿐만 아니라 십자가의 죽음에 이르기까지 하나님께 복종하셨습니다. 하나님께서는 우리를 겸손의 자리로 초대하시고 우리가 순종하며 자신을 따름으로써 풍성한 추수에 참여할 수 있기를 원하십니다. 그리스도께서 십자가에서 죽으시기까지 자신을 낮추신 것처럼, 우리 역시 기도와 사역에서 스스로를 낮추며 북한에 다가가야 합니다.

오늘의 기도 제목

✝ 북한을 위해 기도할 때, 예수 그리스도와 같은 겸손한 마음 자세를 갖도록.

✝ 북한에 더 많은 크리스천 사역자들이 보내지기를 위해서. 그들이 자신들의 특권을 포기하고 스스로를 낮추며 북한을 섬기는 마음을 지니도록.

✝ 남한과 북한의 사람들이 하나님이 필요하다는 사실을 인정하며 스스로를 낮추게 되기를.

한반도의 회복을 [...] 교만이라는 견고한 진과 맞서 [...]
교만의 영에 맞서는 [...] 대되는 겸손의 영으로 나 [...]는 것입니다.
겸손이야말로 주 예수 그 [...] 가 될 것입니다.

WALKING IN HUMILITY

Perhaps the greatest stronghold in the nations of both North and South Korea is the spirit of pride. Indeed, pride, in essence, is the root of all sin. The way we, as Christians, should combat the spirit of pride is by walking in the opposite spirit of humility.

Healthy pride is not a bad thing. However, the pride being described here is an overly zealous pride for one's own nation and peoples. It is arrogant, haughty, and demeaning. In reality, all nations possess some amount of pride. Koreans are not unique in their sense of pride, since sin is rooted in pride. And although other nations are also guilty of the same sin, for the sake of restoring the nation of Korea, we must combat the stronghold of pride.

Pride permeates almost all aspects of Korean culture. In daily conversations, it is common for Koreans to talk about how their culture and people are superior to others. For example, the Korean diet, according to them, is the healthiest diet in the world, despite scientific evidence that proves otherwise. This pride is not only in casual conversation, but it is also publicly displayed at national monuments. The ethnocentricity of Koreans is so strong that even when visiting abroad in other nations, Koreans refer to the national citizens as "foreigners"! We must respond to this pride by humbling ourselves. Humility will be one of the main keys to approaching the nation of Korea for Christ. Proverbs 11:2 says that "pride leads to disgrace, but with humility comes wisdom." Pride was the reason that God dispersed the peoples of the earth into different tribes and languages at the Tower of Babel. (Genesis

11:3-9) Pride is also one of the reasons for the disgrace of the Korean nation through the division of the north and the south.

We are to approach Korea with an attitude of humility. 1 Peter 5:5-6 encourages us to "serve each other in humility for God opposes the proud but favors the humble. So humble yourselves under the mighty power of God, and at the right time he will lift you up in honor."

We demonstrate humility by demonstrating Christ to others through giving up our own privileges for the sake of others. Philippians 2:5-8 states, "You must have the same attitude that Christ Jesus had. Though he was God, he did not think of equality with God as something to cling to. Instead, he gave up his divine privileges; he took the humble position of a slave and was born as a human being. When he appeared in human form, he humbled himself in obedience to God." As we approach the people of North Korea, we are to demonstrate Christ to them. This requires us to be humble and make ourselves as slaves in order to reach those in North Korea for Christ. Philippians 2 describes how Jesus humbled himself and became a man for the salvation of many. Not only did he humble his position as

God and became a finite being, but he also humbled himself in obedience, even obedience unto death on a cross. God is calling us to humble ourselves, obediently follow him, and go into his harvest. Just as Christ humbled himself to death on a cross, we are to humble ourselves in our approach to North Korea through both prayer and ministry.

Prayer Points

✤ Pray for the same attitude of Jesus Christ as you pray for North Korea.

✤ Pray for more Christian workers to be sent to North Korea, for them to give up their own privileges and humble themselves in service for the nation.

✤ Pray for North and South Koreans to humble themselves before God recognizing their need for Him.

이웃을 사랑하자

한국은 반만년의 역사를 지닌 국가입니다. 건국신화에 의하면 한국의 역사는 기원전 2333년경 단군왕검에 의해 나라가 세워지며 시작됩니다. 그는 백두산에서 아홉 개의 부족을 통일했다고 알려져 있습니다. 그러나 5000년 역사 동안 한국은 끊임없이 외세의 침략을 당했습니다. 나라를 분열시키려는 공격과 외세의 침범 속에서 한국인들은 주변국들에 대한 불신과 두려움을 안게 되었습니다. 한국은 중국, 몽골, 일본 등 다른 나라의 수많은 공격을 견뎌내어야 했습니다. 끊임없는 외세의 공격으로 인해 한국인들의 마음속에 두려움의 영이 자리 잡게 되었습니다.

두려움은 우리 마음속에 보호에 대한 결핍이 있을 때 찾아옵니다. 외부의 침략자들로 인해 한국인들의 마음은 두려움에 취약하게 됐습니다. 한국인들은 스스로 "우리는 수 세기 동안 열강에 의해 침략 당했으며 그들의 손에서 고통 받은 비극적 역사를 지녔다"고 여기게 됐습니다.

두려움의 또 다른 뿌리는 남한 사회에도 명백히 존재합니다. 경제적 불안과 실패에 대한 두려움, 가정 내 역할 모델의 부재 등을 중심으로 남한 사회 속의 두려움이 존재합니다. 이런 두려움은 가정 내부의 보호와 안전성에 대한 결핍에서 기인합니다. 아버지의 부재로 어머니는 보호자의 역할을 해야 했으며 이는 가족들이 정서적으로 두려움에 취약하도록 만들었습니다.

성경은 "온전한 사랑이 두려움을 내어 쫓는다"고 말합니다.(요한일서 4:18절) 우리가 두려움을 갖고 있는 자체가 하나님의 완전한 사랑을 충분히 경험하지 못했다는 증거입니다. 우리를 향한 하나님의 사랑은 우리를 보호하시는 그분의 성품에서 드러납니다. 성경 전체에 하나님이 천국 군대의 주인이시라는 사실이 나타나있습니다. 그분은 우리의 피난처이시며 힘이시고 요새이십니다. 그 하나님이 바로 우리의 아버지 이십니다. 따라서 우리는 두려워할 필요가 전혀 없습니다.(시편 46편) 하나님 아버지의 힘은 그분의 사랑과 같은 것입니다. 하나님의 사랑은 다함이 없습니다. 그분의 보호하시는 힘 역시 마찬가지입니다. "우리가 들은 대로 만군의 여호와의 성, 우리 하나님의 성에서 보았나니 하나님이 이를 영원히 견고하게 하시리로다. 하나님이여 우리가 주의 전 가운데에서 주의 인자하심을 생각하였나이다"(시편 48편 8~9절) 우리를 향한 하나님의 사랑을 생각하면 할수록, 우리를 보호하시는 하나님에 대한 이해가 더욱 깊어질 것입니다.

주변 상황이 아무리 어려울지라도 하나님의 사랑은 언제나 우리를 감싸며 보호하고 계십니다. 이 사실을 믿을 때, 두려움의 영은 사라집니다. 로마서 8장 37~39절에 기록된 대로 모든 일에서 우리를 사랑하시는 이로 말미암아 우리가 넉넉히 이길 수 있습니다. 또한 그 어떤 것도 우리를 우리 주 그리스도 예수 안에 있는 하나님의 사랑에서 끊을 수 없습니다. 얼마나 놀라운 약속입니까?

크리스천들은 두려움 속에서 살도록 지음 받은 것이 아니라 사랑의 삶을 살도록 부르심 받은 존재들입니다. 이 사랑은 세상이 아니라 만군의 여호와의 성의 주인이신 하나님 아버지께로부터 오는 것입니다. 하나님의 사랑이 우리를 보호하십니다. 하나님의 사랑은 우리에게 희망을 주며 우리로 하여금 어떠한 환경과 상황도 견딜 수 있게 합니다. 그 사랑 안에선 결코 두려움이

들어설 공간이 없습니다. 그 어떤 피조물도 하나님의 사랑에서 우리를 끊을 수 없습니다! 이 사랑으로 말미암아 우린 그리스도 예수 안에서 넉넉히 이기는 사람이 됩니다. 우리의 속사람이 하나님의 완전한 사랑으로 채워질 때, 우리 삶 속의 두려움은 사라지게 될 것입니다.

오늘의 기도 제목

✳ 북한을 위해 기도할 때 우리 마음이 하나님의 사랑으로 가득 채워지기를.

✳ 남한과 북한의 아버지들이 가정에서 사랑 충만한 보호자가 되도록.

✳ 외세의 침략으로 인한 한국 사람들의 상처가 하나님의 사랑으로 치유되고 회복되기를.

하나님의 사랑은 언제나 우리를 감싸며 보호하고 계십니다.
이 사실을 믿을 때, 두려움의 영은 사라집니다.
크리스천들은 두려움 속에서 살도록 지음 받은 것이 아니라 사랑의 삶을 살도록
부르심 받은 존재들입니다.

LOVING OUR NEIGHBOR

The Korean nation has approximately a five-thousand year history. According to legend, Korea's history began in 2333 B.C. with Tangun being the historical founder of the nation. He is said to have united nine wild tribes of Korea at Baek-Du Mountain. But, throughout these five thousand years of history, the nation of Korea has been constantly under attack. Whether the attack came from within threatening to divide the nation, or from outside the nation, Koreans learned to distrust and be fearful of those around them. Korea withstood multiple attacks from other nations including China, Mongolia, and Japan. This long history of constant attacks has produced a spirit of fear and intimidation in the nation of Korea.

Fear is allowed into our lives when we lack protection. The lack of protection from outside invaders has opened up vulnerability in the hearts of Koreans to fear in both North and South Korea. It has led many Koreans to claim, "Our history has been tragic, for centuries we have been invaded by powerful enemies and suffered in their hands greatly."

Another root of fear is also evident in South Korea. Fear in South Korea revolves around the fear of financial insecurity, fear of failure, and the absence of a protective role model in the home. One side effect from this lifestyle is the lack of protection or security in the home. Absentee fathers force mothers to assume the role of protector, or the family is emotionally left vulnerable to the spirit of fear.

I John 4:18 states that perfect love expels all fear. If we have fear, it shows that we have not fully experienced God's perfect love. One of the ways God's love for us is displayed is in his protection over us. Throughout scripture, God is referred to as the Lord of Heaven's Armies. He is our refuge and strength, our fortress, so we will not fear. (Psalm 46) The strength of God the Father is equated with his love: "The city of the Lord of Heaven's Armies. It is the city of our God; he will make it safe forever. O God, we meditate on your unfailing love" (Psalm 48:8-9). As we meditate on God's love for us, we come to greater depths of understanding of his protection over us.

No matter how difficult our circumstances are, God's love surrounds and protects us. Romans 8:37-39 reminds us that the overwhelming victory is ours through Christ who loved us. Nothing can separate us from God's love—not death or worries or even the powers of hell can separate us through the love of God that is revealed to us in Christ Jesus.

Christians are called to live a life of love, not fear. This love does not come from the world; it can only come from the Father, the Lord of Heaven's Armies. God's love protects us. It gives us hope to endure through all circumstances. In such love, fear has no foothold. Nothing in all creation can separate us from God's love: this love that gives us overwhelming victory in Christ Jesus. As we are filled with God's perfect love, the fear in our lives is driven away.

Prayer Points

✝ Pray for God's love to fill your heart as you pray for the nation of North Korea.

✝ Pray for fathers in both North and South Korea to be loving guardians of their families and households.

✝ Pray for the wounds that have resulted from foreign attacks and invasions upon the Korean nation to be healed through God's love.

진리를 말하자

언제 어디서든, 우리가 누구이든, 사탄의 주요 공격 전략은 거짓을 사용하는 것입니다. 아무리 작은 부분이라도 진실이 왜곡되면 거짓이 되고 맙니다. 사탄은 '반쪽짜리 진리'를 사용해 거짓이 진실이라고 우리를 속입니다. 성경은 사탄이 거짓의 아비임을 나타냅니다. "진리가 그 속에 없으므로 진리에 서지 못하고 거짓을 말할 때마다 제 것으로 말하나니 이는 그가 거짓말쟁이요 거짓의 아비가 되었음이라"(요한복음 8:44) 문제는 인간이 이러한 사탄의 거짓에 저항하는데 실패한다는 사실입니다. 우리는 거짓을 진실이라고 믿어버립니다.

한반도 사회 곳곳에도 거짓의 영이 만연합니다. 북한에서는 많은 역사적인 사실들이 왜곡되어 있습니다. 예를 들어 북한 사람들은 한국전쟁에서 남한이 먼저 침략해왔다고 믿고 있습니다. 북한은 그저 공격에 대한 방어를 했다는 것입니다. 또한 북한에 대한 미군의 공격은 제국주의적 행동이라고 알려져 있습니다. 미군이 생화학 무기를 살포했으며 북한 사람들을 가혹하게 다루고, 고문하며, 죽였다고 믿고 있습니다. '빛나는 태양이자 위대한 지도자'가 미국과 일본의 압제로부터 자신들을 구하고 자유를 지켜냈으며, 한국전쟁에선 북한군이 승리했다고 믿고 있는 것입니다.

비록 북한 안에 명백한 거짓의 영이 팽배해 있지만 남한 사회에도 더욱 교묘하고 위험한 거짓이 존재합니다. 거짓의 영은 널리 알려지거나 책으로 출판되지 않았다 하더라도 남한 사회와 문화 속에 스며들어 있습니다. 이러한 거짓은 남한 사람들이 믿는 것의 근간을 이루게 되었습니다. 심지어 크리스천들마저도 이런 거짓에서 기인한 것들을 믿고 있습니다. 그것은 바로 한국인들의 삶 속에 바탕을 이루고 있는 '번영'에 대한 맹신입니다. 많은 한국인들은 여전히 재정의 축적과 안전, 사회적 명예를 추구하고 있습니다.

이러한 거짓의 영에 맞설 수 있는 유일한 방법은 진리에 거하는 것입니다. 진리는 하나님의 말씀을 바탕으로 합니다. 잠언 30 장 5절과 시편 33편 4절은 모든 하나님의 말씀이 진리임을 증거하고 있습니다. 하나님의 말씀 이외의 어떠한 믿음도 진리를 왜곡한 것이거나 거짓입니다.

예수님은 광야에서 사탄에게 유혹 받으실 때, 하나님의 말씀으로 유혹을 물리치셨습니다.(마태복음 4장 1~11절) 사탄이 첫 번째로 "돌들을 떡이 되게 하라"고 유혹했을 때, 예수님께서는 "사람이 떡으로만 사는 것이 아니요 여호와의 입에서 나오는 모든 말씀으로 사는 줄을 네가 알게 하려 하심이니라"는 신명기 8장 3절의 말씀으로 대응하셨습니다. 또한 신명기 6장 16절을 인용하시며 하나님을 시험하지 말라고 경고하셨습니다. 마지막으로 사탄이 자신을 숭배하라고 유혹했을 때, 예수님께서는 신명기 6장 13절 말씀을 인용하시며 "주 너의 하나님을 경배하고 다만 그를 섬기라"고 대답하셨습니다. 우리 또한 하나님의 말씀이라는 진리에 근거해 사탄의 거짓에 저항해야 합니다. 하나님의 말씀은 악마의 공격에 대항하는 유일한 공격 무기입니다.

거짓에 저항하기 위해 우린 마음을 새롭게 해야 합니다. 로마서 12장 2절에는 "너희는 이 세대를 본받지 말고 오직 마음을 새롭게 함으로 변화를 받아 하나님의 선하시고 기뻐하시고 온전하신 뜻이 무엇인지 분별하도록 하라"고 기록되어 있습니다. 우리가 생각하고 믿는 것들을 세속 사회의 것들에 의해 지배되도록 해서는 안 됩니다. 하나님 말씀의 진리로 살아가기 위해 우린 성령의 힘으로 변화를 받아야 합니다.

하나님의 진리에 거할 때 우리 믿음은 자라나게 됩니다. 하나님의 진리와 믿음을 통해 우리는 하나님의 진리와 사탄의 거짓을 분별할 수 있게 됩니다. 이 땅의 거짓에 맞서 그리스도를 위해 살아가기 위해서는 우리 마음과 생각이 하나님 말씀의 진리 속에 뿌리내려져 있어야 합니다.

오늘의 기도 제목

✤ 북한을 위해 기도할 때 우리 마음이 진리에 의해 새롭게
  되기를.

✤ 북한 사람들의 마음속에 진리가 계시될 수 있도록.

✤ 남한과 북한 사회가 하나님의 형상으로 변화될 수 있도록.
  그들의 행동과 관습이 세상풍조가 아니라 하나님의
  방법만을 따를 수 있도록.

거짓의 영에 맞설 수 있는 유일한 방법은 진리에 거하는 것입니다.
우리는 하나님 말씀이라는 진리에 근거해 사탄의 거짓에 저항해야 합니다.
하나님의 말씀은 사탄의 공격에 대항하는 유일한 공격 무기입니다.

CLAIMING THE TRUTH

No matter where or who we are, lies are a main attack strategy of Satan's. No matter how small a truth is distorted, it becomes a lie. Satan uses these "half truths" to convince us that lies are true. John 8:44 describes Satan as the father of lies, "He has always hated the truth, because there is no truth in him. When he lies, it is consistent with his character; for he is a liar and the father of lies." The problem is in the fact that as humans we fail to resist these lies. We believe the lie as truth, instead.

The spirit of lies is pervasive in Korean society. In North Korea, many aspects of history have been distorted. For example, according to North Korea, it was the south that first attacked the north in the Korean War. The north acted only out of defense. The U.S. military's aggression upon the country was an act of imperialism. U.S. Troops released biological and chemical warfare onto the people of Korea and treated their civilians harshly, torturing and killing them. It was thanks to their great leader or shining sun that the country experienced liberty from both Japan and the United States. And in the end, North Korea claims that they won the Korean War.

Even though lies are more obvious in the north, South Korea has brought into more dangerous, subtle lies. These are lies underlying society and culture, not necessary statements that have been advertised or published. These lies create the foundation for what most people, even Christians, believe in Korea. The foundational truth in which most Koreans base their lives on is a form a "prosperity truth". That is, many Koreans are still seeking after financial gain, security, and social status.

The only way to combat lies is with the truth. The truth is found in the Word of God. Proverbs 30:5 and Psalm 33:4 states that every word of God proves true. Any belief outside the Word of God is a distortion of the truth or a lie.

When Jesus was tempted in the wilderness by Satan, he resisted each temptation by quoting scripture. (Matt. 4:1–11) When Satan first tempted Jesus to turn stones into bread, Jesus responded by quoting Deuteronomy 8:3: "People do not live by bread alone, but by every word that comes from the mouth of God." Likewise, Jesus quoted Deuteronomy 6:16 that Satan must not tempt the Lord his God. Finally, Satan tempted Jesus by asking him to kneel down and worship Satan. Jesus replied by quoting Deuteronomy 6:13: "You must worship the Lord your God and serve only him." We, too, must resist Satan's lies by being rooted in the truth of God's word. God's word is the only offensive weapon against the attacks of the devil.

Resisting lies requires a renewal of our minds. Romans 12:2 says, "Don't copy the behavior and customs of this world, but let God transform you into a new person by changing the way you think." We cannot allow worldly society to dictate what we believe and think. We must be transformed by the power of the Holy Spirit in order to live out the truth in God's Word.

It is by standing in God's truth that our faith grows. With God's truth and faith, we can discern the difference between the lies of Satan and God's truth. If we are to combat the lies found in society for Christ, our hearts and minds must be rooted in the truth of God's word.

Prayer Points

✤ Pray for your mind to be renewed upon the truth as you pray for North Korea.

✤ Pray for a revelation of the truth in the hearts of North Koreans.

✤ Pray for both South and North Korean societies to be transformed into God's likeness, that their behaviors and customs will not copy the ways of this world but God's ways.

용 서 의 길 로 나 아 가 자

　다른 사람이 나에게 죄를 지었을 때 자연스레 용서하지 못하는 마음과 쓴 뿌리가 마음속에 남게 됩니다. 잘못을 당한 사람의 마음은 무너지고 정신적으로 트라우마를 겪게 됩니다. 그러므로 많은 개인과 나라들은 자신들에게 죄를 지은 대상을 용서하는데 어려움을 겪습니다. 한반도도 다를 바 없습니다. 남한과 북한 모두의 마음속에는 적들에 대한 비통함이 자리 잡고 있습니다. 북한은 미국과 일본에게, 남한은 일본과 북한에게 이러한 태도를 가집니다.

61

그러나 예수님께서는 우리에게 "너희 원수를 사랑하며 너희를 박해하는 자를 위하여 기도하라"(마태복음 5:44)고 말씀하셨습니다. 우리가 원수를 사랑함으로써 우리는 하나님 아버지의 참자녀로서 행동하게 됩니다. 하나님의 자녀로서 우리는 하늘에 계신 아버지께서 온전하심과 같이 온전하도록 부르심을 받았습니다. 따라서 우린 친구에게 친절할 뿐 아니라 원수를 사랑해야 합니다.(마태복음 5장 47~48절)

예수님께서는 하나님 아버지의 방식에 따른 용서를 하라고 우리를 일깨우십니다. 제자 베드로가 "우리에게 죄 지은 자를 몇 번이나 용서해주어야 합니까?"라고 여쭈었을 때, 예수님께서는 "일곱 번뿐 아니라 일곱 번을 일흔 번까지라도 할지니라"(마태복음 18:22)고 말씀하셨습니다. 성경에서 7은 완전함을 의미합니다. 예수님께서 일곱 번을 일흔 번까지 용서하라고 하신 것은 우리로 하여금 완전해질 때까지, 즉, 모든 죄가 용서될 때까지 용서하라는 의미입니다.

우리는 서로에게 자비를 베풀어야 합니다. 마태복음 18장의 용서하지 못하는 빚진 자의 비유처럼, 하나님께서는 엄청난 죄를 지은 우리를 용서해주셨습니다. 그러한 엄청난 은혜를 입은 자들로서 우리는 우리에게 잘못한 사람을 용서해주어야 합니다. 그 이야기는 다음과 같은 경고로 끝을 맺습니다. "네가 빌기에 내가 네 빚을 전부 탕감하여 주었거늘 내가 너를 불쌍히 여김과 같이 너도 네 동료를 불쌍히 여김이 마땅하지 아니하냐"(마태복음 18:32~33)

우리가 서로를 용서하기를 거부할 때 하늘에 계신 우리 아버지 또한 우리를 용서하지 않으실 것입니다. 마태복음 6장 14~15절에는 다음과 같이 기록되어 있습니다. "너희가 사람의 잘못을 용서하면 너희 하늘 아버지께서도 너희 잘못을 용서하시려니와 너희가 사람의 잘못을 용서하지 아니하면 너희 아버지께서도 너희 잘못을 용서하지 아니하시리라" 우리를 향한 하나님의 용서는 우리에게 상처 주고 잘못한 사람을 용서하는 우리에게 달려 있습니다.

그러나 용서하라고 하신 예수님의 이 명령은 쉬운 일이 아닙니다. 용서하기 보다는 오히려 마음속에 쓴 뿌리를 품는 것이 더욱 쉬운 일일 것입니다. 우리는 이러한 생각이 들 때마다 '화내고 쓴 뿌리를 가질 수 있다'는 권리를 주장하며 변명하기 쉽습니다.

용서는 죄를 면제해주는 것이 아닙니다. 용서는 하나님께 그 죄에 대한 심판을 넘기는 것을 의미합니다. 용서를 하게 되면 우리 마음속엔 더 이상 그 죄에 대한 것을 품고 있을 필요가 없어지게 됩니다. 마음속에 우리를 아프게 한 죄에 대한 생각이 가득 차 있으면 그 죄는 우리를 파괴하게 됩니다. 우리가 먼저 죄 사함 받

왔기에 용서해야 합니다. 용서받음과 용서함은 죄의 권세로부터 우리를 자유롭게 할 것입니다.

그러므로 하나님의 자녀로서 우리는 용서와 은혜의 영으로 나아가야 합니다. 우리가 용서하면 우리도 용서를 받습니다. 죄의 권세로부터 자유롭게 됩니다. 용서는 우리의 마음에 회복과 치유를 가져옵니다. 용서함으로 우리는 하나님께서 우리에게 베푸신 놀라운 은혜와 용서를 이해할 수 있으며, 비로소 진정한 감사를 드릴 수 있게 됩니다. 우리는 우리가 용서하는 사람들에게 하나님의 이러한 놀라운 은혜를 전하는 사람이 될 것입니다.

오늘의 기도 제목

＊북한을 위해 기도할 때 원수를 용서하는 마음을 주시도록.

＊남한과 북한 사람들이 마음속의 쓴 뿌리를 제하고 그들의 원수를 용서할 수 있기를.

＊북한 안에서 활동하는 사역자들이 그 곳에서 생활하며 일할 때, 자비와 은혜 안에서 나아가기를.

용서는 죄를 면제해주는 것이 아닙니다.
용서는 하나님께 그 죄에 대한 심판을 넘기는 것을 의미합니다.
하나님의 자녀로서 우리는 용서와 은혜의 영으로 나아가야 합니다.
우리가 용서하면 우리도 용서를 받습니다.

STEPPING OUT IN FORGIVENESS

A natural response to being sinned against is to retain unforgiveness or bitterness in one's heart. When one is sinned against, one's heart is traumatized and destroyed. Therefore, many individuals and nations find it difficult to forgive those who have sinned against them. Korea is no different. Both North and South Korea retain bitterness in their hearts towards their enemies. For North Korea, this includes the U.S.A. and Japan, whereas in South Korea, bitterness is primarily towards the Japanese and North Koreans.

In contrast, Jesus tells us to love our enemies and to pray for those who persecute you. (Matt. 5:45) As we love our enemies, we are acting as true children of the Father. As children of God, we are called to be perfect as our Heavenly Father is perfect, not only by being kind to our friends, but also by loving our enemies. (Matt. 5:47–48)

Jesus reminds us that the Father's way is one of forgiveness. When the disciple Peter asked Jesus how many times we should forgive someone who sins against us, Jesus replied, "Seventy times seven times" (Matt. 18:22). The number seven in the Bible represents perfection. Jesus' stating that we are to forgive seventy times seven times means that we are to forgive until completion, keep forgiving until all sins have been forgiven.

We are called to have mercy on one another. Just as in the parable of "The Unforgiving Debtor" in Matthew 18, God has forgiven us of an enormous debt of sin. As being recipients of such enormous grace, we too are to forgive those who sin against us. The parable ends with this warning: "I forgave you that tremendous debt because you pleaded with me. Shouldn't you have mercy on your fellow servant, just as I had mercy on you?" (Matt. 18:33).

If we refuse to forgive one another, our Heavenly Father will not forgive us. Matthew 6:14-15 states, "If you forgive those who sin against you, your heavenly Father will forgive you. But if you refuse to forgive others, your Father will not forgive your sins." God's forgiveness of us is dependent upon our forgiveness of those who have sinned against us and hurt us.

Despite Jesus' commandment for us to love our enemies and forgive those who have sinned against us, it is not easy to do so. Instead, it is easier to harbor bitterness in our hearts towards those who have hurt us. We excuse this by thinking that we have the right to be angry and bitter.

Forgiving is not excusing the sins of those who have hurt us. Forgiving is giving the judgment of those sins over to God. We are no longer to hold those sins committed against us in our hearts. Whether or not we are holding on to sins committed against us or harboring these sins in our hearts, sin destroys us. When we forgive, we hand these sins over to Christ, as they were cancelled once and for all on the cross. We forgive because we, too, are forgiven. Both forgiving and being forgiven frees us from the power of sin.

Therefore, as children of God, we are to walk in the spirit of grace and forgiveness. As we forgive, we, too, are forgiven. We are freed from the power of sin. Forgiveness brings healing and restoration to our hearts. And, as we forgive, we understand and appreciate the amazing grace and forgiveness that God has given us. We become agents of God's amazing grace to those to whom we forgive.

Prayer Points

✝ Ask God to help you forgive your enemies as you pray for the nation of North Korea.

✝ Pray for North and South Koreans to release their bitterness and forgive their enemies.

✝ Pray for Christian workers in North Korea to walk in grace and mercy as they live and work with North Korean people.

믿음으로 살자

대부분의 사람들은 북한과 남한을 생각할 때, 자동적으로 북한을 우상숭배와 연결 짓습니다. 북한은 건국 지도자의 동상에 절을 하고 집집마다, 각 사무실마다 지도자 부자의 사진을 걸어놓는 것으로 악명 높습니다. 전통적으로 한반도는 불교와 무속신앙에 깊은 뿌리를 두고 있습니다. 그러나 우상이란 단지 이러한 종교적인 것 뿐만 아니라 우리의 삶 속에서 하나님 외에 다른 것들에 우선순위를 두는 모든 것을 의미합니다. 우상숭배는 종교나 조각 따위에 초점이 맞춰진 것이 아닙니다. 그것은 우리 마음속에 잘못 자리매김된 우선순위와 관련된 것입니다.

오늘날 남한의 사회, 심지어 교회에도 북한과는 또 다른 방식의 우상숭배 모습이 나타납니다. 지구상 모든 사회에서 보이는 것과 비슷한 방식의 우상숭배 말입니다. 그런 우상 숭배의 사회에선 삶이란 경제적인 부와 안정, 사회적 지위와 명예를 얻는 것이라고 가르칩니다. 한국 사회에서 보이는 교육과 사회적 지위에 대한 비정상적일 정도의 강조가 이를 잘 보여주는 예입니다.

십계명은 우리에게 하나님 이외에 다른 신들을 섬기지 말아야 할 것과 하나님이 자신 이외의 다른 신들을 섬기는 것을 참지 않는, 질투하시는 분임을 가르치고 있습니다.(출애굽기 20:3~5) 하나님께로 향해야 할 사랑을 빼앗는 모든 것이 우상입니다. 하나님께서는 자신 외의 다른 것에 우선순위를 두는 것을 용납하지 않으십니다. 우리는 조상이나 불상, 국가 지도자의 동상, 미신적 형상 등 그 어떤 것에도 절하거나 그것들을 숭배해서는 안됩니다.(출애굽기 20:4)

산상수훈에서 예수님께서는 "너희를 위하여 보물을 땅에 쌓아 두지 말라. 거기는 좀과 동록이 해하며 도둑이 구멍을 뚫고 도둑질하느니라. 오직 너희를 위하여 보물을 하늘에 쌓아 두라. 거기는 좀이나 동록이 해하지 못하며 도둑이 구멍을 뚫지도 못하고 도둑질도 못하느니라. 네 보물 있는 그 곳에는 네 마음도 있느니라"(마태복음 6:19~21)고 우리를 가르치십니다. 부유케 되는 것에는 문제가 없습니다. 우상은 죄 된 마음의 열매입니다. 부유하게 된 사람이 그 부를 어려운 사람들과 나누는 것은 얼마든지 가능합니다. 하나님께서는 당신 나라의 사역을 위해 부유한 크리스천들을 사용하십니다. 우상숭배는 하나님을 따르기 보다는 이 땅의 물질에 더욱 마음을 쏟을 때 일어납니다. 우리가 하나님보다 더 갈망하는 것이 있다면 그것이 바로 우상입니다. 부자청년은 그리스도를 따르고자 했지만 자신의 부를 포기하지 못했습니다. 이것이 바로 우상숭배인 것입니다.

우리는 하나님의 나라와 그 의를 먼저 구해야 합니다.(마태복음 6:33) 하나님은 우리 삶의 중심이며 우리 예배와 찬양의 유일한 대상이십니다. 예배는 그리스도를 위한 삶의 행동이자 다른 모든 것을 예수님 발 앞에 내려놓는 것입니다. 우리는 믿음, 오직 믿음으로만 살아가도록 부름 받았습니다. 오직 순전한 믿음과 예배를 통해서만 한반도에 만연된 우상숭배의 영에 맞설 수 있습니다.

오늘의 기도 제목

✢ 북한을 위해 기도할 때, 우리 마음속의 우상이 제거되기를.

✢ 남한과 북한 사람들이 자신들의 우상을 내려놓고 하나님 한 분만을 예배할 수 있게 되기를.

✢ 한반도에 만연된 지도자 숭배, 불교, 무속신앙 등 영적인 견고한 진에 맞서 승리할 수 있도록.

하나님께로 향해야 할 사랑을 빼앗는 모든 것이 우상입니다.
하나님께서는 자신 외의 다른 것에 우선순위를 두는 것을 용납하지 않으십니다.
우리는 믿음, 오직 믿음으로만 살아가도록 부름 받았습니다.

LIVING BY FAITH

When most people think of North and South Korea, they automatically associate North Korea with idolatry. The north is infamous for bowing to the statues of their founding leader and posting pictures of both the father and son leader in their homes and in every office. Traditionally, Korea is also deeply rooted in Shamanism and Buddhism. However, an idol is anything that takes priority over God in our lives. Idolatry is not just centered on a religion or a carved image. It could also simply be the misplaced priorities of our heart.

Today in secular society, and even in the church, idolatry in South Korea takes yet another form. These are the ways of the world that can be seen in every society across the globe. It teaches that life is about gaining financial wealth, security, social status and recognition. In particular, in Korea this also includes the unhealthy emphasis on education and social ranking. The Ten Commandments command us to not have any other gods before us for God is a jealous God who does not tolerate our affections for any other gods. (Exodus 20:3-5) Anything that takes our affection away from God is idolatry. God will not tolerate our priorities based on any other object or thing. And, we must not bow down to them or worship them. (Exodus 20:4) This includes bowing down to ancestors, Buddhist idols, statues of country leaders, and bowing to the constraints of traditional, animistic superstitions.

In the Sermon of the Mount, Jesus instructs us to "not store up treasures here on earth, where moths eat them and rust destroys them, and where thieves break in and steal. Store your treasures in heaven…[for] wherever your treasure is, there the desires of your heart will be also" (Matt. 6:19–21) The problem is not being rich. Idolatry is the fruit of a sinful heart. It is possible for a person to be rich and share those riches with the poor and those in need. God uses rich Christians to bless his Kingdom's work. Idolatry occurs when earthly treasures become more important to us than following after God. Anything we desire more than God is an idol. Just like in the story of the rich, young man, idolatry is when a person cannot give up his/her wealth to follow after Christ.

Instead, we are called to "seek the Kingdom of God above all else" (Matt. 6:33). At the conclusion of the story of Jesus and the young, rich man, Jesus encouraged us that, "Everyone who has given up houses or brothers or sisters or father or mother or children or property, for my sake, will receive a hundred times as much in return and will inherit eternal life" (19:29).

Our role as Christians is to be authentic worshippers of the true and living God. God is to be the center of our lives, the focus of our praise and worship. Worship is the act of living for Christ, laying everything else at the feet of Jesus. We are called to live by faith, and faith alone. Only through genuine faith and worship will we be able to combat the spirit of idolatry in the nation of Korea.

Prayer Points

✱ Ask God to rid your heart of any idols as you pray for the nation of North Korea.

✱ Pray for North and South Koreans to lay down their idols and worship the one and only true God.

✱ Pray for victory over the spiritual strongholds of leader worship, Buddhism, and Shamanism in the Korean peninsula.

하 나 가 되 자

　한반도에서 죄로 인한 가장 명백한 결과물 중 하나는 남과 북의 분단입니다. 이러한 분단은 한국만 경험한 일은 아닙니다. 열왕기상 12장에는 이스라엘의 북쪽 지파들이 다윗 왕조에 대해 반란을 일으켰을 때, 남쪽의 유다 지파만이 다윗 왕조의 편에 남아있었던 이야기가 나옵니다. 이스라엘은 결국 남과 북으로 나뉘게 되었습니다. 여로보암 왕은 이스라엘을, 르호보암 왕은 남쪽 왕국인 유다를 통치했습니다. 두 부족은 바빌론 왕국에 의해 파괴될 때까지 분단된 상태로 있었습니다.(열왕기하 25장) 이스라엘의 분단은 우상숭배, 탐욕, 성적 타락, 부족 간의 분쟁 등과 같은 그들의 죄로부터 나온 결과물이었습니다. 이런 죄악들은 이스라엘이 두 개로 분단된 근본적인 배후였습니다.

수천 년 동안 한반도엔 분열의 영이 존재했습니다. 서기 918년부터 1945년까지 약 천 년 동안 한반도는 하나의 국가였으나 지역에 따라 분열은 존재했습니다. 한국 문화는 혈연과 지연을 강조합니다. 한 사람의 정체성은 혈족과 출신지역으로부터 형성됩니다. 이러한 현상의 원인은 한국 내 각 지역 간의 독특한 차이들로 인한 것들입니다. 각 지역엔 저마다의 문화와 현지 사투리들이 있습니다.

남과 북이 지금처럼 나눠진 것은 제 2차 세계대전의 여파 때문입니다. 제 2차 세계대전 이후 한반도가 일본으로부터 해방됐을 때, 미국과 러시아는 새롭고 자유로운 국가 건립을 돕기로 결정했습니다. 한반도 북쪽으로부터 러시아가, 남쪽으로부터 미국이 진입했습니다. 그들은 38선에서 만나게 됐습니다. 러시아의 지원으로 북쪽에는 사회주의 정부가, 미국의 도움으로 남쪽에는 민주주의 정부가 세워졌습니다. 처음 분단이 되었을 때 남과 북 사이엔 대화와 무역이 가능했습니다. 그러나 1950년 6월, 한국 전쟁이 발발했고 1953년 휴전이 되자 극도의 정치적 고립을 통해 북한과 남한간의 분단이 고착화 되었습니다.

고린도전서 12장 20절에는 "지체는 많으나 몸은 하나"라고 기록되어 있습니다. 각 지체인 우리는 하나님의 영광을 위해 함께 일하는 과정에서 모두가 중요하고 필수적인 역할을 담당합니다. 그리스도의 몸으로서 우리는 일치된 마음으로 같은 사랑을 가지는 한편, 뜻을 합하며 한마음을 품고 함께 일해야 합니다.(빌립보서 2:2) 교회를 향한 하나님의 부르심은 서로 연합한 가운데 하나님의 나라라는 큰 틀 안에서 각자에게 부여된 목적을 성실히 수행하는 것입니다.

예수님께서는 하늘 아버지와 아들이 하나인 것 같이 제자들 역시 하나가 되기를 기도하셨습니다.(요한복음 17:21) 그리스도께서는 세상이 하나님의 영광을 알도록 그를 따르는 사람들이 아버지와 아들간의 완벽한 연합을 경험하게 되기를 기도하셨습니다.(요한복음 17:23~24) 교회는 한 몸으로 연합된 하나가 되도록 부름 받았습니다.

하나님께서 우리를 하나로 부르신 반면, 대적들을 통해 분열이 옵니다. 성령 안에 연합의 영이 있습니다. 예수 그리스도께서는 이미 우리에게 죄를 이길 권세를 주셨습니다. 그의 권세 아래 우린 조화롭게 함께 살아갈 수 있습니다. 따라서 예수님을 머리로 하는 교회 안에 분열이 있을 수 없습니다. 우리는 한 마음과 한 뜻으로 온전히 연합해야 합니다.(고린도전서 1:10) 예수 그리스도 안에서 이러한 연합을 이루기 위해 노력합시다. 우리가 서로를 진정으로 사랑하고 용서할 때, 겸손으로 서로에게 다가갈 때, 하나님께서는 우리에게 연합의 축복을 주실 것입니다. 한반도의 부흥은 이런 연합을 통해 이뤄집니다.

오늘의 기도 제목

＊북한을 위해 기도할 때, 믿는 자들 가운데 연합이 이뤄지기를.

＊한반도의 분열을 야기한 죄악들이 깨끗하게 씻어지기를.

＊남북한이 하나님께서 원하시는 형태의 모습으로 통일되기를.

그리스도의 몸으로서 우리는 일치된 마음으로 같은 사랑을 가지는 한편,
뜻을 합하며 한마음을 품고 함께 일해야 합니다.
성령 안에 연합의 영이 있습니다.
예수님의 권세 아래 우린 조화롭게 함께 살아갈 수 있습니다.

COMING TOGETHER IN UNITY

One of the most obvious by-products of sin in the Korean peninsula is the division of the north and south. But, Korea is not the only nation to experience such division. In 1 Kings 12, the northern tribes of Israel revolted against the family of David, with only the tribe of Judah remaining loyal to the lineage of David. As a result, the Israelite nation was divided from the southern kingdom. King Jeroboam ruled Israel, and Rehoboam ruled the southern kingdom, Judah. The two tribes remained divided until the Babylonian destruction of the Israelite nation in 2 Kings 25. Israel's division was a product of her sins: her idolatry, greed, sexual infidelity, and quarreling amongst the tribes. These sins are the backdrop of Israel's division into two nations.

The spirit of division has been present in the nation of Korea for thousands of years. Despite the unification of Korea for approximately a thousand years (from 918 A.D. to 1945 A.D.), there still remained division within the different regions of Korea. Korean culture emphasizes family and regional heritage. A person's identity is rooted in the family clanned hometown region one comes from. The reason for this is the distinct regional differences within the nation, with each region or province having their own distinct culture and dialect.

Modern division of North and South Korea is due to the aftermath of World War II. At the liberation of Korea from Japan after World War II, Russia and the United States decided to help establish a new, free Korea. Russia entered Korea from the north, whereas the United States entered Korea from the south. They met at the 38th parallel. With the support of

Russia, a communist government was established in the north; whereas, the United States helped set up a democracy in the south. The initial division allowed communication and trading between the two halves, but soon after, in June of 1950 the Korean War broke out. At the conclusion of the war in 1953, North and South Korea were divided through extreme, political isolation.

I Corinthians 12:20 states that there are many parts to the body of Christ, but only one body. We are each important and essential in order to work together for God's glory. As the body of Christ, we are to work together, agreeing with one another, loving one another, working together in one mind and purpose. (Phil. 2:2) The calling of the church is that of unity, with each part serving its own purpose within the Kingdom of God.

Jesus prayed for his disciples that they would be one, just as the Father and the Son are one. (John 17:21) Christ prayed for his followers to experience such perfect unity so that the world would know of God's glory. (John 17:23-24) The church is called to be one, united into one body.

God is calling us to unity, whereas, division comes from the enemy. Through the Holy Spirit, there is a spirit of unity. Jesus Christ has already given us the authority over sin. Through his authority, we are to live in harmony with one another. (1 Cor. 1:10) There is to be no division in the church, but rather, we are to be of one mind, united in thought and purpose. Let us strive toward this unity in Jesus Christ. As we truly love and forgive each other and as we approach one another in humility, God will bless us with unity. And unity comes with the blessings of revival.

Prayer Points

✝ Pray for unity within the Body of Believers as you pray for the nation of North Korea.

✝ Pray for a cleansing of the sins that led to the division of the Korean peninsula.

✝ Pray for God's desired form of unification between North and South Korea.

Day 9

주님께 맡기자

한반도에 있는 자주(自主)와 자기 의존의 영은 교만의 영과 밀접한 관련이 있습니다. 한반도는 자주적 국가로 존재하기 위해 적들에 강하게 맞서야 했습니다. 일제 강점기에 일본에 대한 독립운동에서부터 자주의 영이 견고한 진을 치기 시작했습니다.

한반도의 독립운동은 훌륭한 명분에 뿌리를 두고 있습니다. 그로 인해 남과 북 모두 독립을 얻어낼 수 있었습니다. 한국의 가장 어려웠던 역사적 시기에 크리스천 독립투사들은 한국 사회에 기독교가 뿌리내릴 수 있도록 했습니다. 독립운동은 기본적인 인

권과 한국인의 자유를 위한 싸움이었습니다.

그러나 일본으로부터 독립한 이후에도 자주의 영은 계속 한국 사회 내에서 활동했습니다. 특히 자주의 영은 북한의 중심 사상인 주체사상으로 변하였습니다. 주체사상은 세 가지 요소를 지니고 있습니다. 그것은 자기 의존(자주), 이데올로기, 창조성입니다. 자주는 북한 전역에 퍼진 독립의 영에 따른 결과물입니다. 자주는 역시 세 가지 부분으로 나뉘는데 이는 경제, 군사력, 정치에서의 자기 의존입니다. 이러한 자주의 이데올로기, 즉 주체사상은 북한으로 하여금 UN 경제제재를 포함한 주변국의 간섭에 아주 강력히 맞서는데 일조를 하고 있습니다.

비록 우리는 주님 안에서 강하게 서 있도록 요청되지만 성경은 자존자(自存者)가 되기를 권하지 않습니다. 자주의 영은 교만에 뿌리내리고 있으며 이는 통일이 아닌 분열을 야기합니다. 크리스천으로서 우리는 스스로의 힘에 의존하는 자존자가 아닌 주님께 의지하는 의존자(依存者)가 되어야 합니다.

잠언 3장 5절에는 "너는 마음을 다하여 여호와를 신뢰하고 네 명철을 의지하지 말라"고 나와 있습니다. 우리는 자신을 의지하는 것이 아니라 주님을 의지하고 신뢰하도록 부름 받았습니다. 하나님께서는 우리가 물리적인 힘이나 스스로의 능력이 아니라 주님의 영으로 살아가기를 원하십니다.(스가랴 4:6) 이사야서

40장 30절에는 "소년이라도 곤비하며 장정이라도 넘어지고 쓰러진다"고 기록되어 있습니다. 자신을 의지해 스스로 모든 것을 하려고 할 때, 우리는 실패할 수밖에 없습니다. 이 말씀을 기억하십시오. "오직 여호와를 앙망하는 자는 새 힘을 얻으리니"(이사야 40:31)

성경 말씀 전체는 우리 삶에서 하나님이 얼마나 필요한 존재인가를 알려주고 있습니다. 주님께 의지한다는 의미는 우리 삶이 우리 것이 아님을 인정하는 것입니다. 우리는 스스로 아무것도 할 수 없는 존재입니다. 그리스도로부터 분리되어서는 어떤 것도 할 수 없습니다.(요한복음 15:5) 우리 자신을 의지하는 것이 아니라 믿음 안에서 주님을 의지하고 신뢰하며 모든 필요를 맡겨야 합니다. 하늘에 계신 우리 아버지는 이미 우리의 필요를 알고 계십니다.(마태복음 6:32) 우리가 하늘 아버지를 신뢰하면 그 분은 완벽한 시간에 우리의 모든 필요를 채워주실 것입니다. 믿음으로 이 신뢰의 길을 걸어가야 합니다.

오늘의 기도 제목

✢ 북한을 위해 기도할 때, 우리의 방법이나 목적의 성취가
아닌 하나님을 의지하고 인도하심을 받아 기도할 수
있도록.

✢ 북한의 사상이 자기 의존에서 하나님을 의존하는 것으로
바뀌기를.

✢ 북한과 남한의 사람들이 하나님을 신뢰하며 그 분께 모든
필요를 아뢰기를.

성경은 자존자(自存者)가 되기를 권하지 않습니다.
자주의 영은 교만에 뿌리내리고 있으며 이는 통일이 아닌 분열을 야기합니다.
크리스천들은 스스로를 믿는 자존자가 아닌 주님께 의지하는
의존자(依存者)가 되어야 합니다.

DEPENDING UPON THE LORD

The spirit of independence and self-reliance in Korea is closely linked with the spirit of pride. To keep the nation of Korea strong against its enemies, Korea had to stand as an independent nation. The spirit of independence began to take a stronghold in Korea during the Korean Independence Movement throughout the Japanese occupation.

The Korean Independence Movement had its roots in good causes. It eventually led to the independence of both North and South Korea. Christian freedom fighters helped plant Christianity into Korean society during one of the most difficult times in Korean history. The Independence Movement fought for human rights and freedom for the Korean peoples.

However, this spirit of independence continued to perpetrate into Korean society even after Korea's liberation from Japan. In particular, the spirit of independence transformed into one of the forefront slogans in North Korea's ideology, Juche. Juche has three main tenants: Self-Reliance, Ideology, and Creativity. The first tenant of self-reliance has resulted in a spirit of independence throughout the nation of North Korea. Self-Reliance, in turn, is also divided into three subparts. These are self-reliance in the economy, military strength, and in politics. This self-reliant ideology has aided North Koreans in standing strong in the midst of much opposition from surrounding nations, including UN economic sanctions.

Although we are called to stand strong in the Lord, scriptures never commend us to stand independently. This spirit of independence, being rooted in pride, actually causes division and not a united front. Instead of independently standing strong on our own strength, as Christians we are called to be dependent upon the Lord.

Proverbs 3:5 commands us to, "Trust in the Lord with all our heart; do not depend on your own understanding." Opposite to standing on our own wisdom and strength, we are commanded to trust in the Lord. God is calling us not to live by force or strength, but by the Spirit of the Lord. (Zech. 4:6) Isaiah 40:30 reminds us that even young people grow weak and tired and fall into exhaustion. If we attempt to do everything on our own, in self-reliance, we will inevitably fail. "But those who trust in the Lord will find new strength" (Isaiah 40:31).

The whole of Scripture is about our need for God. Dependence on the Lord admits that this life is not about us. We cannot do anything on our own. That is, apart from Christ, we can do nothing. (John 15:5) Instead, we are called to live a life of faith, dependent upon the Lord, trusting him for our every need. Our heavenly Father already knows all our needs. (Matt. 6:32) And, he will provide for our every need in his perfect time, as we trust in him. We are called to walk by faith.

Prayer Points

✤ Depend upon God's guidance as you pray for North Korea today.

✤ Pray for the philosophy of North Korea to be transformed from a philosophy of self-reliance to a philosophy of dependence upon the living God.

✤ Pray for North and South Koreans to confess their need for God, trusting Him for their every need.

자 유 하 자

북한과 남한의 문화는 유교사상의 영향을 받은 관계적 역할, 기대감, 사회적 규칙 등에 기초를 두고 있습니다. 한국의 유교사상은 다섯 가지 도리를 강조하는데 이 중에 네 가지가 사회적 위계 속에서 강조되는 도리를 나타냅니다. 이러한 도리는 한국 사회 내 대부분의 사회적 상호관계 속에 존재합니다. 한국어에는 4단계의 언어수준이 있는데 이 또한 위계에 의해 나뉘어져 있습니다.

결국 유교사상은 한국사회 전반에 스며들어 있습니다. 그것은 대화 가운데 한 사람이 상대방에게 어떻게 이야기해야 할지도 결정합니다. 상대를 얼마나 존중해야 할지, 그 상대와 얼마나 친하게 지내야 할지 등 남을 대하는 태도 또한 결정합니다. 또한 유교사상은 사회 속에서 한 사람의 역할과 지위를 결정합니다. 이런 사회적인 규칙들로 인해 한국인들은 지속적으로 더 높은 지위를 향해 경쟁하고 노력하게 만드는 풍조 속에 있습니다.

북한과 남한에 자리잡은 통제의 영에 맞서기 위해서 우리는 자유의 영으로 나아가야 합니다. 고린도후서 3장 17절은 "주의 영이 계신 곳에는 자유가 있느니라"라고 말합니다. 우리는 비성경적인 사회적, 문화적 규범과 우리 위에 놓인 기대에서 벗어나 그리스도 안에서 자유 할 수 있습니다.

누가복음 4장에서 예수 그리스도는 자신이 이사야서 61장 말씀의 성취임을 선포하십니다. "주의 성령이 내게 임하셨으니 이는 가난한 자에게 복음을 전하게 하시려고 내게 기름을 부으시고 나를 보내사 포로 된 자에게 자유를, 눈 먼 자에게 다시 보게 함을 전파하며 눌린 자를 자유롭게 하고…"(누가복음 4:18) 그리스도께서는 우리를 문화의 굴레로부터 자유롭게 하십니다. 주님은 우리를 자유하고 세상의 속박으로부터 놓임 받게 하기 위해 오셨습니다.

갈라디아서는 그리스도의 자유 속에서 살아가도록 우리를

권면하고 있습니다. "그리스도께서 우리를 자유롭게 하려고 자유를 주셨으니 그러므로 굳건하게 서서 다시는 종의 멍에를 메지 말라"(갈라디아서 5:1) 유대법의 지배를 받은 유대인들은 믿음만으로 구원에 이를 수 있다는 것을 이해할 수 없었습니다. 그들은 여전히 그들 문화의 소산인 모세 율법의 노예로 살아가고 있었습니다. 그러나 성경은 문화에 얽매인 '낡은 우리'를 십자가에 못 박고 그리스도 예수 안에서 '새 사람'이 되기를 권면합니다.(갈라디아서 2:20) "너희가 다 믿음으로 말미암아 그리스도 예수 안에서 하나님의 아들이 되었으니 누구든지 그리스도와 합하기 위하여 세례를 받은 자는 그리스도로 옷 입었느니라. 너희는 유대인이나 헬라인이나 종이나 자유인이나 남자나 여자나 다 그리스도 예수 안에서 하나이니라"(갈라디아서 3:26~28)

그리스도께서는 우리에게 새로운 법을 주시기 위해 오셨습니다. 이 법은 그 어떤 세상적인 가치가 아닌 은혜에 의한 것입니다. 그리스도께서 십자가에 못 박히심으로 유대인들이 더 이상 모세의 법 아래에 있지 않은 것처럼, 우리 역시 성경적이지 못한 사회와 문화의 법에 구속되지 않습니다. 갈라디아서 3장은 더 이상 사회 안에서의 차별은 없다고 명백히 말합니다. 종이나 자유인이나 남자나 여자나 다 그리스도 예수 안에서 하나입니다!

갈라디아서는 성령으로 살며 그리스도 안에서 새로운 피조물이 될 것을 격려하며 끝을 맺고 있습니다. 우리는 생각과 행동, 관계 속에서 새로워져야 합니다. 예수 그리스도께서는 개인뿐만 아니라 사회와 문화도 새롭게 하십니다. 우리는 더 이상 성경적이지 못한 율법이나 문화의 암묵적인 규칙에 의해 통제될 수 없습니다. 우리는 그리스도 예수 안에서 자유를 얻었습니다. 주 안에서 자유하며 살아가야 합니다. 그리스도의 사랑으로 채워진 참 자유는 존중과 섬김으로 그 열매를 나타냅니다.

오늘의 기도 제목

✳ 북한을 위해 기도할 때, 내가 속한 사회의 문화가 하나님 닮은 모습으로 변화되기를.

✳ 한국의 문화가 하나님이 기뻐하시는 모습으로 변화되기를. 남한 교회 속의 비성경적인 유교 문화적 요소들이 사라지도록.

✳ 북한에 모두 함께 하나님을 예배하는 자유가 도래하도록.

통제의 영에 맞서기 위해서 우리는 자유의 영으로 나아가야 합니다.
주의 영이 계신 곳에는 자유가 있습니다.
우리는 그리스도 예수 안에서 자유를 얻었습니다. '
주 안에서 자유하며 살아가야 합니다.

RELEASED UNTO FREEDOM

Both North and South Korean culture is based upon the relational roles, expectations, and rules in society that are dictated by Confucius philosophy. Confucianism in Korea emphasizes five relations or bonds. Four out of five of the bonds demonstrate a hierarchy in social relationships. These relational bonds control all social interactions within Korean society. The Korean language has up to four different levels of speech, based upon this hierarchy.

Therefore, the Confucius thought permeates all aspects of Korean society. It dictates how one addresses another in speech. It dictates whether or not one is treated with honor or respect. It controls how close of a relationship one is allowed with another. Confucianism determines one's role and status in society. Because of these social rules, culture in Korea is a highly controlled culture that encourages one to constantly compete and strive for higher social status.

To combat this spirit of control, we must walk in the spirit of freedom. 2 Corinthians 3:17 states that "wherever the Spirit of the Lord is, there is freedom." We are to have freedom in Christ, apart from unbiblical social and cultural obligations and the expectations put upon us.

In Luke 4, Jesus Christ proclaimed that he was the fulfillment of Isaiah 61, that the Spirit of the Lord had anointed him to proclaim that captives will be released and that the oppressed will be set free. (4:18) Christ has set us free from the captive oppressiveness of our cultures. He has come to give us freedom and release us from the constraints of the world.

The book of Galatians admonishes us to live in the freedom

of Christ. "So Christ has truly set us free. Now make sure that you stay free, and don't get tied up again in slavery to the law" (Gal 5.1). The Jews were enslaved to the Jewish law. They could not understand how one could receive salvation by faith alone. They were still enslaved to their cultural ideas of the Law of Moses. Yet, scriptures tell us that we are to crucify the old self that is imbedded in our cultures and become a new person in Christ Jesus. (Gal 2:20) "For [we] are all children of God through faith in Christ Jesus··· like putting on new clothes. There is no longer Jew or Gentile, slave or free, male and female. For [we] are all one in Christ Jesus" (Gal 3:26−28).

Christ has come to give us a new law. This law is by grace and not by merit. Just as the Jews were no longer subject to the Mosaic Law after Christ's sacrifice on the cross, we, too, are no longer subjected to the unbiblical laws of our culture and society. Galatians 3 clearly states that there is no longer a hierarchy in society. There is no difference between those who are employed (slave) or employing (free), male (husband) or female (wife). We are all one in Christ Jesus.

Galatians concludes by encouraging us to live by the Spirit

and become a new creation in Christ. We are to be renewed in our thinking, in our behavior, and in our relationships. Jesus Christ is to transform us both personally and culturally. We are no longer to be controlled by the unbiblical laws or unspoken rules of our culture. We have freedom in Christ Jesus. And, we are called to live in and by our freedom in Christ.

Prayer Points

✝ Ask God to transform your own culture to be more like Him as you learn to pray for North Korea.

✝ Pray for God to transform Korean culture into a culture that pleases Him and to rid South Korean churches of unbiblical aspects of Confucius culture.

✝ Pray for North Koreans to have freedom to corporately worship God.

그리스도께 거하자

북한과 남한의 사회에는 공통적으로 버려짐의 영이 있습니다. 한국인들은 매우 강하고 독립적인 민족이지만 다른 나라들과의 정치적 동맹을 필요로 합니다. 한국은 수천 년 동안 침략자들과 싸워야 했습니다. 이런 상황은 한국인들을 매우 회복력이 좋은 집단으로 발전시켰습니다. 이와 동시에 침략자들로부터 받은 수많은 상처가 마음 깊이 있기에 조선왕조 때에는 쇄국정책이 있었습니다. 한국인들은 마음 깊이 침략자들로부터 받은 수많은 상처가 있기에 바깥 세계의 영향력을 두려워했습니다. 그러나 세계를 향해 문을 열기 시작하면서부터 한반도는 근대화에 박차를 가했고 동맹국들을 신뢰하기 시작했습니다.

그러나 이러한 동맹관계는 그 기대에 부응하지 못했습니다. 한 가지 예를 들자면 구소련이 붕괴되자 북한의 경제 또한 무너져버렸습니다. 경제를 지탱해줄 사회주의 무역 체계가 더 이상 존재하지 못하게 되었으며 러시아는 공산주의의 강력한 정치적 지원국가가 될 수 없게 되었습니다. 북한은 러시아가 시장경제 국가로 변화되는 과정을 지켜보아야 했습니다.

여러 실망스러운 과정들로 인하여 버림의 영, 즉 고아의 영이 북한과 한국인들의 마음속에 자리 잡게 되었습니다. 새로운 상황 속에서 버려진 채 자립해야 했던 한국인들은 어느 순간부터 외국의 투자와 개입을 의심하기 시작했습니다. 이러한 현상은 한국인들 사이에 교만의 영을 부추기기만 할 뿐이었습니다. 그러나 여전히 강대국에 입양되어 그 보호아래 있기를 바라는 이율배반적인 마음도 있습니다. 북한은 최근 수십 년 간, 중국을 '형님 국가'로 여겨왔습니다. 그러나 그 관계는 다른 관계와 마찬가지로 실망을 안겨주는 경우가 많았습니다.

궁극적으로 버려짐의 감정은 그리스도를 중심으로 하는 정체성 부재에서 옵니다. 고아에게 가족 정체성과 부모 사랑이 부재한 것처럼 한반도도 그리스도 안에서의 정체성에 대한 참된 이해가 부족합니다. 이사야서 43장 7절에는 하나님께서 자신의 영광을 위해 그의 백성들을 지으셨다고 나와 있습니다. 모든 민족들은 하나님의 영광을 위해 지음 받았습니다. 자기 민족이나 국가의 영광을 위해서가 아니라 하나님의 영광을 위해서 만들어졌다는 것입니다.

민족이나 개인의 정체성은 하나님의 관점으로부터 나와야 합니다. 우리는 그분의 자녀이자 피조물입니다. 하나님 안에서 우리가 지닌 국가로서의 정체성은 결국 열방에게 축복이 됩니다. 다른 나라들의 축복을 받기 위해서가 아닙니다. 하나님은 우리가 다른 나라들에게 축복을 전하는 자들이 되기를 원하십니다. 베드로전서 2장 9절엔 "너희는 택하신 족속이요 왕 같은 제사장들이요 거룩한 나라요 그의 소유가 된 백성"이라고 기록되어 있습니다. 예수 그리스도는 십자가 구속역사를 통해 그의 백성들이 주변 사람들에게 하나님의 선하심을 전하는 통로로 살도록 자유함을 허락하셨습니다. 우리는 하나님의 백성으로서 이 땅의 민족들을 대신하여 하나님을 위해 온전히 서야 합니다. 그 때, 우리를 통해 하나님의 축복이 열방 가운데 퍼져나갈 것입니다.

하나님께서는 절대로 우리를 떠나거나 버리시지 않습니다. 히브리서 13장 5절에는 "내가 결코 너희를 버리지 아니하고 너희를 떠나지 아니하리라"라고 나와 있습니다. 우리가 그리스도께 거함을 확신한다면 버림받는 것을 두려워할 필요가 결단코 없습니다. 우리는 그리스도의 십자가 구속 역사로 인해 속함과 받아들임의 감정을 지닐 수 있습니다. 우리의 정체성은 예수 그리스도 안에 있습니다. 우리가 삶 속에서 하나님을 경험하고 그분의 속성을 알게 될 때, 우리의 삶이 하나님의 선하심을 주변에 전하는 축복의 통로가 되어야 한다는 그 부르심을 이해할 수 있게 될 것입니다.

오늘의 기도 제목

✢ 북한을 위해 기도할 때, 하나님의 자녀이자 중보자로서의 정체성을 선포하기.

✢ 북한(조선)이 하나님의 택함 받은 민족으로서의 정체성을 발견하도록.

✢ 북한과 남한 사람들이 열방의 축복이 되고 하나님 나라의 전 지구적 사역을 위해 크리스천 사역자들을 파송할 수 있도록.

한국인의 마음속에 자리 잡은 고아의 영을 타파해야 합니다.
우리가 그리스도께 거함을 확신한다면
버림받는 것을 두려워할 필요가 결단코 없습니다.
우리의 정체성은 예수 그리스도 안에 있다는 사실을 확신합시다.

BELONGING TO CHRIST

There is a demonstration of the spirit of abandonment in both North and South Korean society. Although Koreans are a very strong, independent ethnic group, there is a need for a political, close ally. The Korean nation has been fighting off invaders for thousands of years. This developed the Korean peoples into a resilient people group. In the Chosen Dynasty, Korea had a political policy of a "Hermit Nation". They were afraid of outside influences from other nations as scars from multiple invasions wounded the heart of the nation. However, as Korea finally began opening up to the world, attempting to keep up with modern development, they began trusting in close allies.

Yet, these allies failed to live up to the expectations of Korea. For example, after the collapse of their ally, the U.S.S.R., North Korea's economy collapsed. There was no longer a communist trading system to sustain the economy, and Russia was no longer able to be the strong political supporter of communism. North Korea watched Russia struggle in their transition into a democratic nation.

Because of these disappointments, an orphan spirit has developed within the hearts of the Korean peoples. Being abandoned to fend for themselves in different circumstances, Koreans tend to be somewhat skeptical of foreign investment and involvement. This has only enhanced the spirit of pride within the nation. Yet, there is still a real pain and desire to be "adopted" by a big brother nation. North Korea has tried to adopt China as its big brother in recent decades. However, that relationship, as with all relationships, has also resulted in disappointments at times.

Ultimately, this sense of abandonment is rooted in the absence of a Christ-centered identity. Just like an orphan child lacks a familial identity and needs parental affection, so Korea has lacked a true understanding of its identity in Christ. Isaiah 43:7 states that God has made his people for his glory. All people were created to give glory to God. It is not about giving glory to our own nation or people group, we are made for God's glory.

Our identity as a people group and as individuals is to come from God's perspective. We are his children, his creation. Our identity as a nation in God is to be a blessing to other nations around us. It is not to demand the blessing of others. God desires for us to be agents of blessing to others. 1 Peter 2:9 states that we are to be "a chosen people. You are royal priests, a holy nation, and God's very own possession." As Christ redeemed us on the cross, he freed his people to be agents of God's goodness to those around us. We, as the people of God, are to stand for God on behalf of the peoples of the earth. And, it is through us, that God's blessings will be extended to all the nations of the world.

God will never leave us nor abandon us. Hebrews 13:5 promises us that, "[God] will never fail you. [He] will never abandon you." When we are confident in our belonging in Christ, we never need to fear abandonment. We can have a sense of belonging and acceptance in Christ's redemption of us on the cross. Our identity is in Jesus Christ. As we know and experience God in our lives, we can understand his calling upon our lives to be a blessing of goodness to those around us.

Prayer Points

✠ Claim Christ's identity as His child and intercessor as you pray for North Korea.

✠ Pray for North Korea (Chosun) to find its identity as a chosen people of God.

✠ Pray for North and South Koreans to be a blessing to the nations of the world and send out Christian workers for God's global Kingdom work.

아 버 지 의 영 적 권 위 를 세 우 자

북한과 남한 사람들의 마음속에 자리 잡은 고아의 영은 가정에 아버지가 부재했던 경험에서 일정부분 기인된 것이기도 합니다. 전형적인 북한과 남한의 아버지들은 오랜 시간 일해야 합니다. 그래서 한반도의 자녀들은 일주일 내내 아버지 얼굴 보기가 힘듭니다. 북한과 남한 가릴 것 없이 한반도의 직장문화는 직원들에게 아주 높은 근로활동을 요구합니다. 아버지들은 새벽 6시, 혹은 더 이른 시간에 출근하여 밤 11시나 12시에 퇴근합니다. 그 결과, 북한과 남한 사회에서 아버지들은 가정에서 중요한 역할을 하지 못하는 경우가 많습니다. 아버지들은 자녀 양육을 책임지지 않으며 자녀와 깊은 관계를 증진시킬 시간적 여유가 없습니다. 이로 인해 많은 세대들이 건강한 아버지상이 부재한 채로 성장해야 했습니다.

불행히도 이러한 모습은 한국의 크리스천 가정에서도 쉽게 찾아볼 수 있습니다. 크리스천 아버지들은 가정에서 강한 리더십을 발휘하지 못합니다. 심지어 목회자 가정에서도 이러한 부모상의 부재를 찾아볼 수 있습니다. 목회가 가정보다 더 우선시되기 때문입니다. 한국 목회자들은 전형적인 일반 직장인들보다 더 많은 시간동안 사역을 해야 합니다.

수련회나 상담 과정에서 아버지의 부재에 관한 간증들이 많이 나옵니다. 어떤 기독교 훈련 프로그램에서 사람들이 차례로 간증하며 기도제목을 나누는 시간을 가진 적이 있습니다. 오십 명, 또는 그 이상이 참석한 프로그램에서 대부분의 한국인들은 아버지와의 깨어진 관계에 대한 고백을 했습니다. 정말로 한국의 아버지들은 가정에서 그들의 자리를 되찾아야 합니다.

태초에 하나님께서는 한 남자와 한 여자로 가정을 구성토록 했습니다. 남자는 그의 부모를 떠나 아내와 한 몸으로 연합하게 됩니다.(창세기 2:24) 아버지 없이는 본래 하나님이 디자인한 가족은 형성될 수 없습니다. 특히 크리스천 아버지들은 가정의 영적 책임자로의 역할을 해야 합니다. 에베소서 5장 23절에는 "이는 남편이 아내의 머리됨이 그리스도께서 교회의 머리됨과 같음이니 그가 바로 몸의 구주시니라"라고 기록되어 있습니다. 흔히 아내나 어머니가 가정의 책임자라고 생각하기 쉽지만 사실은 정반대입니다! 가정의 영적 책임자는 남편입니다! 그리스도께서 교회를 위해 생명을 내려놓으신 것처럼, 아버지들도 그들의 삶을 가정을 위해 내려놓아야 합니다.(에베소서 5:25) 크리스천 아버지의 성경적인 역할은 섬기는 마음으로 가정을 이끄는 것입니다.

교회의 직분자들도 마찬가지입니다. 디모데전서 3장 4절과 12절에서는 가정을 잘 이끄는 충실한 남편을 장로나 집사로 임명토록 했습니다. 5절에는 "사람이 자기 집을 다스릴 줄 알지 못하면 어찌 하나님의 교회를 돌보리요"라고 기록되어 있습니다. 아버지의 가장 중요한 책임이 바로 가정이라는 사실을 알려주는 구절입니다. 가정을 잘 다스릴 책임이 아버지들의 어깨에 있습니다. 일보다도, 심지어 사역보다도 가정이 우선입니다. 아버지들은 가정의 영적인 책임자가 되어야 합니다.

그러므로 한국에 가정의 영적 책임자로서의 아버지 역할이 회복되어야 합니다. 하나님께서는 복음이 전파되는 가장 기초적인 단위로 가정을 만드셨습니다. 하나님께서는 세상에 복을 전하는 자신의 매개체로 가정을 고안하셨습니다.(창세기 12:2) 우리의 신앙은 가정에서부터 시작되어야 합니다. 우리 가정에 영적 유산을 남기기 위한 첫 걸음은 신실한 아버지들의 회복이라는 사실을 기억해야 합니다.

오늘의 기도 제목

* 각자의 가정에서 영적 책임자로 부르심을 받은 아버지들을 축복하기.

* 한국 가정과 사회에 아버지들의 역할이 회복되기를.

* 북한과 남한 사회에 가족 단위로 복음이 전파되기를.

* 한국의 가정들이 주변에 하나님 축복의 통로가 되기를.

한국에 가정의 영적 책임자로서의 아버지 역할이 회복되어야 합니다.
주님께서 교회를 위해 생명을 내려놓으신 것처럼 아버지들도
그들의 삶을 가정을 위해 내려놓아야 합니다.
아버지들은 가정의 영적 책임자가 되어야 합니다.

Day **12**

COVERING WITH SPIRITUAL HEADSHIP

The orphan spirit in the hearts of Koreans is also due in part to the absence of fathers in the home. The typical Korean father works long hours. Children in Korea will often not see their fathers throughout the week because of long workdays. Whether in the north or the south, Korean culture places a high demand on their employees. Fathers often leave work by six or earlier in the morning to not return until eleven or twelve at night. As a result, fathers in Korean society have traditionally not played a major role in the home. They are not responsible for raising the children and often do not have the time to cultivate a deep relationship with their children. This has resulted in generations of Koreans growing up without a strong paternal presence.

Unfortunately, this is also true for many Christians in Korea. Christian fathers do not necessarily provide strong leadership at home. A lack of parental influence can even been seen within the lifestyle of ministers. Ministry often takes priority over the family. The hourly demands of the church upon ministers are no less and sometimes more than the typical Korean workday.

Testimonies concerning absentee fathers have arisen from Christian retreats and counseling sessions. In one particular Christian training program, individuals take turns sharing their testimonies and requesting prayer for personal issues. These training sessions often consist of fifty or more individuals, but it is common to see each and every Korean individual testify regarding a broken relationship with their father. Indeed, Korean fathers need to regain their place in the home.

From the beginning, God ordained the family as one man

and one woman. A man was to leave his father and mother and be joined to his wife, united as one. (Genesis 2:24) The original family design is incomplete without the father. In particular, a Christian father is charged with the role of being the spiritual head of his household. Ephesians 5:23 states, "For a husband is the head of his wife as Christ is the head of the church." In a world where we often think that the wife or the mother has the primary responsibility for the family, the exact opposite is true! Husbands have been charged with the spiritual responsibilities of their families! Just as Christ laid down his life for the church, so fathers are to lay down their lives for their families. (Ephesians 5:25) Leading the family with a servant heart is the biblical role of Christian fathers.

Leaders in the church are to particularly demonstrate this. I Timothy 3:4, 12 states that an elder or a deacon in the church must be a faithful husband who manages his own family well. It goes on to say in verse 5, "For if a man cannot manage his own household, how can he take care of God's church?" Here it is clear that the father's primary responsibility is the family. The management of his family rests on his shoulders. Above work, and even above ministry, a man's family is to be his priority. He is to be the spiritual head of his household.

Therefore, Korean society needs fathers to be restored as the spiritual heads of their households. God designed the family to be the primary unit through which His Gospel would spread. He intended families to be His agents of blessing to the world. (Genesis 12:2) Our faith must start at home. And the spiritual heritage of our families begins with the restoration of faithful fathers.

Prayer Points

✢ Bless the father in your household to be the spiritual leader he is called to be.

✢ Pray for a restoration of fatherly roles in Korean families and society.

✢ Pray for the Gospel to spread through the family unit in both North and South Korea.

✢ Pray for Korean families to be agents of God's blessing to those around them.

Day **13**

차 이 를 받 아 들 이 자

우리는 극도로 비판적인 세상에서 살고 있습니다. 우리는 겉모습, 직업, 출신 등으로 사람들을 판단합니다. 한국은 문화적으로 전 세계에서 가장 강력한 집단적 문화 체제를 지니고 있습니다. 한국에서 규범에 순응하는 것은 매우 높은 가치를 지닙니다. 따라서 규범을 따르지 않는 개인은 비판 받거나 내쳐집니다.

북한과 남한 사회에서 규범으로 여겨지는 것에는 아주 극명한 차이가 있습니다. 수십 년간 북한과 남한은 극과 극처럼 다른 규범에 순응했고 자신들만의 잣대로 서로를 판단해왔습니다. 다른 나라들 또한 판단해왔습니다. 우리는 다른 사람들에게 '사회주의자, 민주주의자, 자본주의자, 공산주의자'와 같은 꼬리표를 붙였습니다. 그리고 서로 간의 차이로 인해 상대방에 대한 마음의 문을 닫았습니다. 출신과 배경을 보고 상대가 나보다 낫거나 못하다고 여기며 살아왔습니다.

북한 사람들의 마음속에도 이런 판단의 태도가 매우 깊이 박혀 있습니다. 사회주의 체제 속에서 개개인은 자기를 비판하는 것과 함께 타인을 비판하도록 강요받았습니다. 그들이 실시하는 매주의 이념 훈련에는 이같은 비판의 시간이 포함되어 있습니다. 더 잘 비판할수록 더 높은 위치로 올라갑니다. 북한 사회에서 서로를 비판하는 능력은 매우 높이 평가되는 가치입니다.

판단과 비판이 북한과 남한 사회 깊숙한 곳에 뿌리내려 있기에 다른 배경을 가진 사람을 받아들이는 것은 거의 불가능하게 됩니다. 사회의 주도적 가치와 자신을 일치시켜야 한다는 강한 부담감은 그들과는 다른 견해의 사람들을 거부하게 만듭니다. 남한에서도 이같은 모습을 볼 수 있습니다. 미국, 캐나다, 중국, 일본, 호주 등 다른 나라에 살고 있는 한인 디아스포라들은 자신의 민족으로부터 거부당하는 경우가 있습니다. 수많은 재외한국인들이 한국 사회의 기대에 순응하지 못함으로써 자신의 민족으로부터 거부되거나 공정하지 못한 잣대로 판단 받습니다.

성경은 서로의 차이를 가지고 남을 판단하지 말라고 합니다. 갈라디아서 3장 28절에는 "너희는 유대인이나 헬라인이나 종이나 자유인이나 남자나 여자나 다 그리스도 예수 안에서 하나이니라"라고 나와 있습니다. 이 구절은 어떤 경우에도 민족이나 사회적 지위, 성별에 의해 판단되어져서는 안 된다는 것을 명백하게 나타내고 있습니다. 그리스도 안에서 우리는 하나로 지음 받았습니다. 우리는 모두 동등하게 하나님 언약을 상속 받을 자들입니다.

마태복음 7장 1절과 2절은 "너희가 비판하는 그 비판으로 너희가 비판을 받을 것이요 너희가 헤아리는 그 헤아림으로 너희가 헤아림을 받을 것이니라"라고 우리에게 경고합니다. 우리를 판단하실 수 있는 분은 오직 하나님 한 분뿐입니다. 우리는 모두 죄를 지었고 하나님의 영광으로부터 멀어졌습니다. 우리 중 누구도 남보다 낫지 않습니다. 결국 우리 모두는 아버지의 보좌 앞에 서게 됩니다. 하나님은 우리가 남을 판단한 그것으로 우리를 판단하실 권한을 지니신 분입니다.

그 어떤 정치 시스템도 완벽하지 않습니다. 그 어떤 국가도 더 나은 국가는 없습니다. 우리는 모두 죄인입니다. 우리가 누리는 축복은 하나님의 은혜로 말미암은 선물입니다. 우리는 모두 하나님의 형상대로 지음 받았습니다. 그래서 어느 나라, 문화, 정치 체제 속에는 그 자체에 하나님께 영광 돌릴 요소들이 들어 있습니다.(창세기 1:27) 마찬가지로 어느 나라, 문화, 정치 체제에는 비판 받을만한 측면 또한 존재합니다. 그래서 서로를 판단하기 보다는 우리 스스로의 죄를 먼저 없애야 합니다. 성경은 말합니다. "먼저 네 눈 속에서 들보를 빼라 그 후에야 네가 밝히 보고 형제의 눈 속에 있는 티를 빼리라."

북한과 남한은 서로의 차이를 받아들일 필요가 있습니다. 우리는 서로의 차이에도 불구하고 각 나라들을 존중해야 합니다. 오직 하나님의 은혜로만 가능한 일입니다.

오늘의 기도 제목

＊주님 앞에서 오늘 당신의 비판적인 태도를 고백하기.

＊하나님의 은혜가 당신의 마음에 역사해 당신과 다른 사람들을 받아들일 수 있도록 가르쳐주시기를.

＊남한과 북한이 서로의 차이를 받아들이는 것을 배울 수 있도록.

성경은 서로의 차이를 가지고 남을 판단하지 말라고 합니다.
북한과 남한은 서로의 차이를 받아들일 필요가 있습니다.
그리스도 안에서 우리는 하나로 지음 받았습니다.
우리는 모두 동등하게 하나님 언약을 상속 받을 자들입니다.

ACCEPTING DIFFERENCES

This world which we live in can be extremely judgmental. We judge others based upon how they look, what they do, and where they come from. Korean culture is one of the strongest collectivistic cultures in the world. Conformity is a high value, and anyone who does not conform to the norm is judged and outcast.

North and South Korea have extreme differences for what is considered the norm. Their pressures are to conform to polar opposites of one another. For decades now, North and South Korea have judged one another. And the rest of the world has judged with them. We have labeled one another and closed our hearts to our differences. One is communist; the other's democratic. One is capitalistic; the other's socialistic. Depending upon where you come from, one may be deemed better than the other.

In North Korea, this judgmental attitude has gone even deeper. As part of the communist system, individuals participate in self-criticisms and criticisms of one another. This is part of their weekly ideological training. The better one criticizes the higher one is promoted within society. Being able to judge one another has become a cherished value, worthy of recognition.

As judgment has rooted itself deeply within Korean society, it has become almost impossible to accept others from differing backgrounds. The pressure to conform to society can lend people to reject others who differ from themselves. This is seen even in South Korea. Expatriate Koreans coming from the United States, Canada, China, Japan, Australia, and various other countries often experience rejection from their own people. Countless Koreans from abroad have told their stories of their inability to conform to Korean expectations, and as a result, they were unfairly judged or rejected by their own people.

Scripture makes it clear that we are not to judge one another based upon our differences. Galatians 3:28 states, "There is no longer Jew or Gentile, slave or free, male and female. For you are all one in Christ Jesus." This verse makes it clear that we are not to be judged based upon our ethnicity, our social status, or our gender. In Christ, we are all made one. We are all equal heirs of God's promise.

Matthew 7:1-2 warns us, "Do not judge others, and you will not be judged. For you will be treated as you treat others." God is the only one worthy of judging us. We have all sinned and fall short of God's glory. (Romans 3:23) None of us are better than the other. One day we will all stand before the judgment seat of the Father, and God will have the authority to judge us as we have judged others.

No political system is perfect. No country is better than another. We are all sinners. The blessings we have are only a gift of God's grace. Each country, culture, and political system has aspects within it that glorify God because we are all created in God's image. (Genesis 1:27) Likewise each country, culture, and political system also has aspects within it that are worthy of judgment. Instead of judging one another, may we first get rid of our own sin. Scripture commands us, "First get rid of the log in your own eye; then you will see well enough to deal with the speck in your friend's eye."

North and South Korea need to accept one another's differences. We are to respect each other's country, despite our differences. This is only possible through God's grace.

Prayer Points

✝ Confess your judgmental attitude before the Lord today.

✝ Pray for God's grace to work in your heart to teach you to accept others different from yourself.

✝ Pray for North and South Koreans to learn to accept one another's differences.

새로운 관점을 이해하자

동전에는 양면이 존재합니다. 남한이 북한을 바라보는 관점이 있으며 북한이 스스로를 해석하는 관점이 있습니다. 외국인으로 남한과 북한 두 지역에서 모두 생활해 본 경험을 통해 필자는 이 두 관점을 배울 수 있었습니다. 아이로니컬하게 남과 북은 각자의 견해가 옳다고 확신하고 있습니다. 남한과 미국은 북한을 예측불허의 변덕쟁이 국가로 여기고 있습니다. 북한은 남한을 미국의 꼭두각시국가라고 여기며 한반도 전체의 보다 나은 미래를 위한 협상을 하지 않고 있습니다. 남과 북은 서로를 비난하고 있습니다. 두 쪽 모두 상대방의 관점을 이해하기를 완고히 거부하고 있습니다.

흔히 우리에게 가장 상처를 주는 존재는 가장 가까운 이일 경우가 많습니다. 가족이나 가까운 친구들 사이, 또는 공동체 안에서 관계가 깨어지는 경우를 종종 볼 수 있습니다. 국가 간에도 마찬가지입니다. 종종 가장 가까이 존재하는 국가가 우리의 대적일 수 있습니다. 그들은 우리의 '사마리아'입니다.

누가복음 10장의 '선한 사마리아인의 비유'에서 잘 알 수 있듯이 사마리아인들과 유대인들은 상종하지 않는 사이였습니다. 이들이 서로를 적으로 여기게 된 데에는 역사적인 배경이 있습니다. 바벨론 포로 시절 많은 유대인들이 잡혀 갔을 때, 사마리아인들은 다른 토착 민족과 동화되었습니다. 유대인들은 비유대인들과 결혼하지 않았으나 사마리아인들은 다른 민족과 결혼 했습니다. 또한 사마리아인들은 그들만의 관점으로 변형된 유대교를 정립했습니다. 그들은 예루살렘이 아닌 그리심산에 자신들만의 예배처소를 마련하였습니다. 그리고 히브리어 원전 대신 자신들만의 아람어 성경을 사용했습니다. 이것이 유대인들과 사마리아인들 사이의 불화와 긴장을 야기했습니다. 유대인들은 사마리아인이 유대교 신앙 전통을 따르지 않았기에 무지하며 진정한 유대교 신자들이 아니라고 여겼습니다.

그러나 눈에 보이는 그들의 차이에도 불구하고 예수님께서는 사마리아인들을 이스라엘을 향한 하나님 구원 계획의 한 부분으로 보셨습니다. 요한복음에는 예수님이 사마리아 여인에게 자신이 메시아임을 드러낸 이야기가 나옵니다.(요한복음 4:26) 예수님께서는 "하나님께서는 영과 진리로 예배하는 자를 찾으신다"(요한복음 4:23)며 유대인들과 사마리아인들 간의 차이를 해소하고자 하셨습니다. 예수님께서는 사마리아인들이 다른 민족과 혼인하며 변형된 종교적 관습을 지니고 있음을 가지고 그들을 비난하지 않으셨습니다. 대신 그들에게 새로운 관점을 제시하셨습니다. 그 새 관점은 영생으로 인도하는 생수의 샘에 대한 것이었습니다.(요한복음 4:14)

하나님의 나라에 들어가려면 우리는 반드시 거듭나야 합니다.(요한복음 3:3) 거듭날 때에 우리 관점이 변화됩니다. 우린 하나님의 경륜과 마음으로 거듭나야 합니다. 하나님의 길은 우리 길보다 높고, 그 분의 생각은 우리 생각보다 낫습니다.(이사야서 55:9) 주 안에서 거듭남으로써 우리 마음이 새롭게 됩니다.(로마서 12:2) 우리의 생각과 관점이 변화되어 주님과 같아집니다. 이런 거듭남 없이는 하나님의 선하시고 기뻐하시며 온전하신 뜻을 분별할 수 없습니다.(로마서 12:2) 하나님께서는 우리가 그 분의 마음과 생각을 받길 원하십니다. 그분의 관점을 얻은 사람은 그분의 선하시고 온전하신 뜻을 받게 됩니다. 이러한 새로운 이해는 관계에서의 새로운 시작과 기회, 돌파를 가져오게 합니다.

오늘의 기도 제목

❋ 하나님께서 당신의 삶과 주변 사람들에게 그 분의 관점을 허락하시도록.

❋ 당신 삶의 '사마리아인들'을 위해. 하나님께서 당신에게 이해할 수 있는 능력과 관계의 돌파를 위한 새로운 기회들을 열어주시기를.

❋ 북한과 남한의 사람들이 서로의 관점을 이해할 수 있게 되기를.

거듭날 때에 우리 관점이 변화됩니다.
우린 하나님의 경륜과 마음으로 거듭나야 합니다.
주 안에서 거듭남으로써 우리 마음이 새롭게 됩니다.
거듭날 때에 북한과 남한의 사람들은 진정
서로의 관점을 이해하게 될 것입니다.

UNDERSTANDING NEW PERSPECTIVES

There are always two sides to a coin. South Korea has its perspective of North Korea, and North Korea has its own interpretation, as well. Having spent time in both North and South Korea, I have had the privilege of learning both views. The irony is that both sides believe they are right. The U.S. and South Korea view North Korea as an unpredictable, volatile country. Whereas, North Korea views South Korea as a puppet of the United States not willing to make reasonable compromises for the greater good of the Korean nation. Both sides blame the other. And both sides stubbornly refuse to try to understand the other's perspective.

Usually it is those closest to us who hurt us the most. This is true for relationships in the family, within a team, and fall-outs among friends. And it is also true for nations. The nations closest to us are often our greatest enemies. They are our Samaria.

We know from Jesus' parable of "The Good Samaritan" in Luke 10 that Samaritans and Jews did not see eye to eye. In many respects, they were considered enemies. The historical backdrop for this is as follows. When many Jews were carried away into Babylonian captivity, the Samaritans assimilated into other native populations. Thus, even though Jews were not to intermarry with Gentiles, the Samaritans did. As a result, Samaritans developed their own compromised version of Judaism. They built their own place of worship at Mount Gerizim instead of worshipping in Jerusalem. They also had their own version of the Scriptures in Aramaic instead of using the original Scriptures written in Hebrew. This caused strife and tension between Jews and Samaritans. Jews viewed Samaritans as ignorant and not true followers of Judaism for not following the Jewish religious traditions.

However, we see that despite their differences, Jesus still viewed Samaritans as part of God's redemptive plan for Israel. In the Gospel of John, Jesus revealed to a Samaritan woman that He is the Messiah. (John 4:26) He reconciled the differences between Jews and Samaritans by advocating that God seeks those who worship Him in spirit and truth. (John 4:23) Jesus did not condemn the Samaritans for their differing religious practices or for intermarrying with Gentiles. Instead, God offered them a new perspective. One that springs of living water and that leads to eternal life. (John 4:14)

If we are to enter the Kingdom of God, we must be born again. (John 3:3) Part of this rebirth is a change in perspective. We are to be reborn with God's understanding and heart. His ways are higher than our ways and His thoughts are better than our thoughts. (Isaiah 55:9) This rebirth in Christ renews our mind. (Romans 12:2) Our thoughts and perspectives are transformed and conformed to the Lord's. Without this rebirth, we cannot discern what is the will of God, that is what is good and acceptable and perfect.(Romans 12:2) God desires for us to receive His heart and mind of understanding. Those who gain His perspective will receive His good and perfect will. And this new understanding leads to new openings, opportunities, and breakthroughs in relationships.

Prayer Points

✦ Ask God to give you His perspective for your life and those around you.

✦ Pray for the "Samaritans" in your life. Ask God to give you understanding and open up opportunities for relational breakthroughs.

✦ Pray for North and South Koreans to seek to understand one another's perspectives.

축복의 말을 선포하자

말에는 권세가 있습니다. 우리가 그것을 깨닫든 깨닫지 못하든, 우리가 하는 말은 영적인 영역에서 어떠한 결과를 가져오게 됩니다. 우리는 말로 누군가를 저주할 수도, 축복할 수도 있습니다. 그것은 우리에게 달려 있습니다. 태초에 하나님은 그의 말씀의 능력으로 온 우주를 창조하셨습니다.(창세기 1:3) 또한 하나님의 형상대로 지음 받은 우리도 이 땅을 다스릴 권세를 부여받았습니다.(창세기 1:28) 이러한 권세와 함께 말의 권세도 우리에게 따라옵니다. 그렇기에 우리가 선택하는 말에는 영적인 결과가

수반됩니다.

　제가 여러 곳을 다니면서 북한에 대해 이야기를 할 때, 자신의 말이 어떤 권세를 가지고 있는지 이해하지 못하는 사람들을 자주 만나게 됩니다. 그들은 좋은 의도로 북한 정권이 무너지도록 매일 기도한다고 말합니다. 그들은 북한의 지도자가 통솔력을 잃게 해달라고 기도합니다. 어떤 목회자들은 북한을 망하게 해달라고 매일 아침 기도한다는 고백을 하기도 했습니다. 그러나 성경 그 어디에도 하나님이 우리에게 나라들을 저주하도록 명령하거나 사례를 보여주신 곳은 한 군데도 없습니다. 오히려 그 반대의 경우를 볼 수 있죠.

　이스라엘 민족이 바벨론 포로로 사는 것, 그것은 실상 외국 땅에서 노예로 살아가는 삶이었습니다. 그들은 자신들이 끌려온 것에 대해 단지 바벨론을 탓할 수도 있었습니다. 그러나 하나님께서는 분명히 그들에게 가르치셨습니다. "너희는 내가 사로잡혀 가게 한 그 성읍의 평안을 구하고 그를 위하여 여호와께 기도하라 이는 그 성읍이 평안함으로 너희도 평안할 것임이라"(예레미야 29:7) 하나님의 계획은 우리로 축복하게 하는 것이지 저주하게 하는 것이 아닙니다. 우리에게 상처를 주고, 우리를 핍박하는 자를 우리는 축복해야 합니다.(마태복음 5:44) 우리를 저주하려던 사람을 우리가 축복할 때 그들이 오히려 우리에게 축복이 되는 능력을 발휘하게 되는 것입니다. 우리는 왕들과 모든 권세 있는 자들을 위해 기도해야 합니다. 그것이 우리를 평화롭고 경건한 삶으로 인도하기 때문입니다.(디모데전서 2:2) 그러므로 하나님의 마음은 북한 사람들을 축복하는 것이지 저주하는 것이 아닙니다.

야고보는 말의 권세에 대해 우리에게 경고합니다. 혀가 강력한 무기가 될 수 있음을 우리에게 알려줍니다. "이것으로 우리가 주 아버지를 찬송하고 또 이것으로 하나님의 형상대로 지음을 받은 사람을 저주하나니"(야고보서 3:9) 북한 사람, 남한 사람 모두 하나님의 형상대로 지음 받았습니다. 우리의 입으로 주님을 찬미하면서 북한 사람들을 저주하는 것은 위선입니다. 야고보는 계속해서 권면합니다. "한 입에서 찬송과 저주가 나오는도다 내 형제들아 이것이 마땅하지 아니하니라"(야고보서 3:10)

하나님 나라의 표식은 축복입니다. 그것은 꼭 물질적인 축복이라기보다는 영적인 축복이라고 할 수도 있습니다. 마태복음 5장 1~12절에서 예수님은 우리가 하나님 나라를 살아갈 때 받을 축복을 이렇게 묘사합니다. 하나님이 우리를 축복하시기에 우리 또한 주변 사람들을 축복해야 한다는 겁니다. 우리의 말은 생명을 창조하라고 만든 것이지 파괴하라고 만들어진 게 아닙니다. 말씀을 통해 하나님은 온 우주를 창조하셨습니다. 마찬가지로 우리 역시 말을 통해 격려, 축복, 생명을 생산해야 합니다! 이러한 축복이 되는 특권을 우리는 연습해야 합니다. 이것이 비록 우리에게 어렵고 힘들지라도 심판하시는 분은 우리가 아니라 주님이시라는 것을 믿으며 우리는 북한을 위해 그리고 북한의 모든 주민들을 위해 축복을 구해야 합니다!

오늘의 기도제목

＊당신이 스스로 또는 주변 사람들을 저주했던 것을 회개하기.

＊남한과 북한의 사람들이 평화롭고 안정적인 삶을 살 수 있도록 북한의 지도자들이 선하게 번성하기를 기도하기.

＊북한의 사람들과 그 나라를 위해 축복을 선포하기.

하나님의 계획은 우리로 축복하게 하는 것이지 저주하게 하는 것이 아닙니다.
우리는 말을 통해 격려, 축복, 생명을 생산해야 합니다.
우리는 북한 주민들과 그 땅을 축복해야 합니다!

SPEAKING FORTH BLESSINGS

Words have power. Whether we realize it or not, the words we speak have consequences in the spiritual realm. With words we can either bless others or curse them. It is our choice.

In the beginning, God created the entire universe through the power of His words. (Genesis 1:3) And as we are created in God's likeness, we also have been given dominion over the earth. (Genesis 1:28) With this authority, comes the power of words. And the words we choose have spiritual consequences.

Many Christians do not understand the power of their words. With good intentions, they declare that they pray every day for the government of North Korea to collapse. They pray for the leader to loose control over the nation. Even pastors have confessed that every morning they pray for the absolution of the North Korean state. Yet, nowhere in Scripture do we see God commanding us or modeling for us to curse nations. In fact, we see the exact opposite.

When the Israelites were living in Babylon under captivity, they were living out the consequences of being carried away into slavery to a foreign land. The Israelites could have easily blamed Babylon for their exile. Yet, God clearly instructed them to "seek the welfare of the city where I have sent you into exile, and pray to the Lord on its behalf, for in its welfare you will find your welfare" (Jeremiah 29:7). God's plan is for us to bless and not curse. We are to bless those who hurt us and pray for those who mistreat us. (Matthew 5:44) When we bless those who meant to curse us, we release power for them to become a blessing to us. We are to pray for kings and all those in authority that we may lead peaceful and quiet lives. (I Timothy 2:2) Therefore, the heart of God is to bless North Korea, not curse it!

James warns us of the power of our words. He reminds us that the tongue can be a powerful weapon. "With it we bless our Lord and Father, and with it we curse people who are made in the likeness of God" (James 3:9). Both the people of North and South Korea are made in the likeness of God! It is hypocrisy to bless the Lord with our mouths yet curse the nation of North Korea! James goes on to state, "From the same mouth come blessing and cursing. My brothers, these things ought not to be so" (James 3:10).

The mark of the Kingdom of God is blessing. These are not necessarily physical blessings but spiritual blessings. In Matthew 5:1–12, Jesus describes the blessings we receive through living out the Kingdom of God. As God blesses us, we are to be a blessing to those around us. Our words are meant to create life and not destruction. Through the spoken word, God created the entire universe, and so through our words we are to produce encouragement, blessing, and life! We are to exercise this privilege of being a blessing. We are to bless the peoples and nation of North Korea!

Prayer Points

✤ Ask God to forgive you for the way you have cursed yourself or others.

✤ Pray for the leaders of North Korea to prosper so that the peoples of Korea will live peaceful and quiet lives.

✤ Speak blessings upon the nation and peoples of North Korea!

희망과 치유를 받아들이자

남한과 북한의 문화는 여성적입니다. 여성적인 문화는 관계에 가치를 두며 종종 풍부한 감성으로 표현되곤 합니다. 한반도 문화의 특징은 행동이 아니라 관계에 있습니다. 반면 남성적인 문화는 경쟁, 야망, 자기주장에 더 많은 가치를 둡니다. 사실 일을 강조하기보다는 관계를 강조하는 것이 선하며 하나님을 더 영화롭게 합니다.

하지만 흥미로운 것은 때때로 여성적인 문화는 격정에 빠질 수 있다는 사실입니다. 싸움, 분노, 울음, 고함이 폭발하는 걸 자주 목격하는 게 바로 그런 이유입니다. 북한과 남한 문화에서 남성들은 대부분 자신의 감정을 어떻게 다뤄야 할지를 배우지 못합니다. 한국 사회에서 남성들이 화를 감정적으로 폭발하는 경우가 많은데, 그 이유는 흔히 자신들의 감정을 억누르기 때문입니다.

남한과 북한에서 남자들의 주요 감정 분출구는 술입니다. 한국 사람들의 술 소비량은 위험할 정도로 높습니다. 한국의 술 소비량은 세계 13위입니다.(북한의 술 소비량 통계는 없습니다.) 하지만 독주 소비량으로 치면 한국은 단연 세계 톱입니다. 1인당 연간 9.59 리터의 독주를 소비하고 있습니다. 반면 미국은 술 소비량 57위, 일본은 70위에 불과합니다.[4]

알코올 중독은 북한과 남한 문화 속에 있는 절망의 영의 부산물입니다. 이 절망의 영은 세속주의에 뿌리를 두고 있습니다. 세속주의는 영적인 것을 거부하고 물질적인 것을 강조합니다. 믿음 없이는 미래에 대한 소망을 가질 수 없습니다. 믿음이 없다면 그저 눈에 보이는 것이 전부가 됩니다. 유교사상과 같이 관계적 측면에 엄격한 문화적 규칙이 있는 사회 속에서 개인의 노력보다 여러 관계들에 의해 성공이 결정될 때 사람들은 절망에 빠지기

---

4. 세계보건기구(World Health Organization), http://en.wikipedia.org.

쉽습니다.

하지만 믿음 충만한 그리스도인들인 우리는 우리의 소망이 주님께로부터 온다는 것을 알고 있습니다. 시편 121편 2절은 이렇게 권면하고 있습니다. "나의 도움은 천지를 지으신 여호와에게서로다" 성경은 낙담에 대한 답은 주 안에 있는 소망이라고 명쾌하게 가르쳐주고 있습니다. "내 영혼아 네가 어찌하여 낙심하며 어찌하여 내 속에서 불안해 하는가 너는 하나님께 소망을 두라 나는 그가 나타나 도우심으로 말미암아 내 하나님을 여전히 찬송하리로다"(시편 42:11)

하나님께서 주시는 소망이 우리의 영혼을 지탱시켜 줍니다. 그것은 하나님의 사랑과 자비로 우리를 충만하게 합니다. 우리가 스스로를 들어 주님을 찬양할 때, 그분은 그분만이 주실 수 있는 소망으로 우리의 영혼을 회복시켜 주십니다. 하나님께서는 예수 그리스도의 부활을 통해 산 소망을 우리에게 주십니다.(베드로전서 1:3~5) 하지만 이 소망은 현재만이 아니라 미래를 위한 것이기도 합니다. "여호와의 말씀이니라 너희를 향한 나의 생각을 내가 아나니 평안이요 재앙이 아니니라 너희에게 미래와 희망을 주는 것이니라"(예레미야 29:11)

우울함을 경험할 때 주님께 나아와 우리의 감정을 솔직하게 아뢰어야 합니다. 비록 그 감정이 낙담, 슬픔, 실망, 심지어는 부정적인 것에 꽉 붙잡혀 있는 것일지라도 말입니다. 이러한 감정들을 주님께 쏟아놓을 때 그분은 새로운 소망을 우리에게 약속해 주십니다. 이 세상 그 어떤 소망도 주님 안에 있는 우리의 소망과는 견줄 수 없습니다. 우리는 감정적으로 우리 자신을 주님께 드려야 합니다. 그리고 그분만이 주실 수 있는 소망을 신뢰해야 합니다. 우리가 이렇게 할 때 하나님께서는 감정적인 치유를 해주시며 우리의 마음과 생각을, 더 나아가 우리 민족을 회복시켜 주실 것입니다.

오늘의 기도제목

＊하나님이 당신에게 북한을 위한 그분의 소망을 주시기를 위해서.

＊남한과 북한의 사람들이 술이 아니라 하나님 안에서 위안을 찾을 수 있도록.

＊한반도에 자리잡은 감정적 상처가 치유되어 마음 안에 하나님의 희망이 자리 잡을 수 있도록.

성경은 낙담에 대한 답은 주 안에 있는 소망이라고
명쾌하게 가르쳐주고 있습니다.
하나님께서 주시는 소망이 우리의 영혼을 지탱시켜 줍니다.
그것은 하나님의 사랑과 자비로 우리를 충만하게 합니다.

RECEIVING HOPE AND HEALING

Korean culture is a feminine culture. Feminine cultures place value on relationships and are often more emotionally expressive. The interest is not in the action but in the relationships. Whereas, masculine cultures place more value on competition, ambition, and assertiveness. An emphasis on relationships is good and more glorifying to God than an emphasis on work. But interestingly, at times, the feminine culture can be emotionally dramatic. It is common to see outbursts of fighting, rage, crying, and screaming. In Korean culture, Korean men are typically not taught how to deal with their emotions. Emotional outbursts of anger are common among men in Korean society because oftentimes their emotions are bottled up. The main emotional outlet men have in Korea is alcohol.

Alcohol consumption in Korea is dangerously high. South Korea is listed as the top 13th country in the world for over all alcohol consumption.[4] (There are no statistics for North Korea.) However, among all the countries, South Korea is ranked for the highest consumption of hard liquor in the world, with 9.59 liters of hard liquor consumption per capita per year. To put this in perspective, the United States is listed as 57th in alcohol consumption, and Japan is listed as 70th.

Alcoholism is a by-product of the spirit of despair within the Korean culture. This despair, in return, is rooted in secularism. Secularism emphasizes the materialistic and rejects the spiritual. Without faith, one has no hope for the future.

---

4. World Health Organization. http://en.wikipedia.org.

What you see in this world is what you get. When one is caught in a culture that has strict cultural rules about relationships, such as in Confucianism, and the bases for success rests upon relational connections and de-emphasizes individual effort, it is easy to feel trapped in despair.

Yet, as faith-filled Christians, we know that our hope comes from the Lord. Psalm 121:2 reminds us that, "[Our] help comes from the Lord, who made heaven and earth." The Bible is clear that the answer to depression is hope in the Lord: "Why am I discouraged? Why is my heart so sad? I will put my hope in God! I will praise him again— my Savior and my God." (Psalm 42:11)

The hope that God gives us sustains our souls. It fills us with God's love and mercy. When we lift ourselves up in praise to the Lord, he restores our souls with the hope that only he can give. God gives us a living hope through the resurrection of Jesus Christ. (I Peter 1:3-5) But this hope is not just for the present, it is also for the future. "For I know the plans I have for you, says the Lord. They are plans for good and not for disaster, to give you a future and a hope" (Jer. 29:11).

When we experience depression, we are to come to the Lord and be honest about our feelings, whether those emotions are downcast, sad, discouraged, or even overwhelmed with negativity. If we release these emotions to the Lord, he promises to give us a new hope. For we know how dearly God loves us. There is no hope in this world that can match our hope in the Lord. We are to give of ourselves emotionally to the Lord, trust in the hope that only he can give. When we do this, God will bring emotional healing and restoration to our hearts and minds.

Prayer Points

✦ Pray for God to give you his hope for you personally and for North Korea.

✦ Pray for North and South Koreans to find solace in the Lord instead of in alcohol.

✦ Pray for the healing of emotional wounds and the restoration of hope in Korean people's hearts.

갈 등 을 넘 어 화 해 의 길 을 가 자

북한과 남한의 사람들은 모두 통일에 대해 자주 이야기 합니다. 마치 전 세계가 한국을 향해 똑같은 질문을 하고 있는 것 같습니다. "한국은 언제 독일처럼 통일되죠?" 그러나 한국이 필요로 하는 것은 통일이 먼저가 아니라 화해입니다.

한국과 독일은 똑같이 비교될 수 없습니다. 비록 남북한, 독일 모두 미국과 소련이라는 강대국 싸움 때문에 분단되었다 할지라도 동독과 서독은 서로 불화하지 않았습니다. 남북한의 화해는 간단치 않습니다. 한국전쟁이 끼친 엄청난 상처 때문입니다.

동독과 서독은 협상을 시도했으며 정당간 대화도 이뤄졌습니다. 동독에서 공산 정권이 수립된 것은 외국의 침략 때문이라고 여겨졌습니다. 하지만 북한에서는 권력 변동이 일본으로부터 나라를 구한 김일성 수령에 의해 성취된 민족주의 운동의 차원으로 여겨졌습니다. 그렇기에 독일이 분단된 나라의 통일에 있어 좋은 선례를 제시하고 있다할지라도 그것이 남북 화해의 길과 같을 수는 없습니다.

화해는 몇 가지 단계를 거칩니다. 먼저, 진정한 화해는 예수 그리스도 안에서 우리의 새로운 정체성을 선포할 때에만 가능합니다. 고린도후서 5장 17절은 이렇게 강조합니다. "그런즉 누구든지 그리스도 안에 있으면 새로운 피조물이라 이전 것은 지나갔으니 보라 새 것이 되었도다." 이것은 우리가 더 이상 그리스도와 세상을 이전 방식대로 바라보지 않는다는 뜻입니다. 우리는 그리스도 안에서 새로운 피조물이며 새로운 정체성을 부여받았습니다. 이제 그리스도께서는 우리를 그분의 대사라고 부르십니다. 우리의 역할은 하나님 아버지를 대신하여 세상에서 그리스도의 대사가 되는 것입니다. 우리는 더 이상 자신의 욕망대로 살지 않습니다. 우리는 그리스도의 사랑에 의해 붙잡힌 삶을 살아갑니다.(고린도후서 5:14) 대사로서 우리의 목적은 하나님 나라와 세상 사이에 다리를 놓는 것입니다. 훌륭한 대사는 부름 받은 곳의 사람들을 이해하기 위해 혼신의 노력을 기울입니다. 하지만 주변의 문화나 사람들에 동화되는 것이 아니라 두 문화 사이에 다리를 놓는 것이 대사의 목적입니다. 그러므로 남북은 통일을 얘기하기에 앞서 서로 다리를 놓는 일에 힘써야 합니다.

두 번째로는 분단을 초래한 갈등에 대해 애통해해야 합니다. 화해는 불화가 있는 곳에 필요합니다. 불화는 두려움과 고통을 낳습니다. 그렇기에 우리는 상대방을 알아가며 그들의 슬픔에 동참해야 합니다. 그리스도께서는 우리를 알기 위해서 우리와 같은 모습으로 이 땅에 오셨습니다. 그분은 십자가에 못 박히심으로 우리의 슬픔, 우리의 수치, 우리의 죄를 대신 담당하셨습니다. "곧 하나님께서 그리스도 안에 계시사 세상을 자기와 화목하게 하시며 그들의 죄를 그들에게 돌리지 아니하시고 화목하게 하는 말씀을 우리에게 부탁하셨느니라."(고린도후서 5:19) 화해는 우리 반대자의 죄를 그들에게 돌리지 말 것을 요구합니다. 화해는 상대방에게 준 고통과 갈등의 책임이 우리에게 있다는 인식하에 우리의 슬픔을 서로서로 나눠 질 것을 요구합니다. 화해는 또한 잠시 멈춰서는 순간을 필요로 합니다. 관계된 모든 이들의 상처받은 고통을 생각하며 멈춰 애통해 할 수 있는 그 잠깐의 시간 말입니다.

마지막으로, 진정한 화해는 애통함을 넘어 희망을 발견하는 데로 나아갑니다. 그리스도께서 주신 이 화해의 메시지는 세상의 희망입니다. 그리고 이 희망은 절대로 우리를 실망시키지 않습니다. 그것은 바로 우리의 마음에 부은바 된 하나님의 사랑을 통해 우리에게 주어진 희망이기 때문입니다.(로마서 5:5) 이 희망은 죽음에서 생명으로 옮겨진 구원을 의미합니다. 우리는 하나님의 아들의 죽으심으로 말미암아 하나님과 화해하게 되었습니다. 또한 그로 인해 그의 생명의 구원을 받게 될 것입니다.(로마서 5:10) 때때로 남북의 통일이 전혀 희망적이지 않을 때도 있을 것입니다. 그러나 화해를 통해 우리는 희망을 갖습니다. 한반도에서 통일의 길은 반드시 먼저 화해로 시작되어야 합니다. 화해는 남북 평화의 열쇠입니다.

기도

오늘의 기도 제목

✛ 하나님께서 당신을 그리스도의 대사로 만들어 주시기를.

✛ 고통과 갈등 속에 있는 사람들을 대신하여 애통하는
  마음으로 하나님께 기도하기.

✛ 남한과 북한의 화해를 위해 기도하기.
  이 화해가 새로운 한국을 위한 희망이 될 수 있기를.

한반도에서 통일의 길은 반드시 먼저 화해로 시작되어야 합니다.
화해는 남북 평화의 열쇠입니다.
진정한 화해는 애통함을 넘어 희망으로 나아갑니다.
그리스도께서 주신 화해의 메시지는 세상의 희망입니다.

RECONCILING CONFLICT

North and South Korean alike talk a lot about unification. It is as though the entire world is looking at Korea asking the same question. When will Korea unify like Germany did? But what Korea needs is not unification. What Korea needs is reconciliation.

Korea and Germany cannot be equally compared. Even though both Korea and Germany were separated because of power struggles between the U.S. and the U.S.S.R., Germany was never at odds with each other. Reconciliation for Korea is not simple because of the tremendous damage inflicted by the Korean War. However, this is not the only difference. In Germany, both the West and the East were committed to negotiations and party talks. The communist take-over in East Germany was seen as a foreign invasion. Whereas in North Korea, the regime change was depicted as a nationalistic movement achieved by their savior from the Japanese, Great Generalissimo Kim Il Sung. Therefore, although Germany provides a great example of unification, the path to reconciliation for Korea is not the same.

Reconciliation requires several steps. First, true reconciliation is only possible when we claim our new identity in Jesus Christ. 2 Corinthians 5:17 declares, "If anyone is in Christ, he is a new creation. The old has passed away; behold, the new has come." This means that we no longer view Christ or the world the way we used to. We are a new creation in Christ and have received a new identity in Him. Christ now calls us His ambassadors. Our role is to be ambassadors of Christ representing God the Father to the world. We no longer live according to our own desires.

We live controlled by the love of Christ. (2 Cor. 5:14) And as ambassadors, our purpose is to bridge the gap between God's Kingdom and the world. A good ambassador will always strive for understanding of those he ministers to. But the purpose is not to become like the culture or people around us but to bridge the gap between those cultures. Therefore, Korea must first work towards bridging the gap between the north and the south before they can even begin to talk about unification.

Secondly, we must lament the conflict that caused division. Reconciliation is needed in places where there is strife. Strife causes scaring and pain. In this, we must identify with our opponents and join them in their grief. Christ identified with us by coming to earth to live in our shoes. He took our grief, our shame, our sins upon Him as He was crucified on the cross. "Christ God was reconciling the world to Himself, not counting their trespasses against them" (2 Cor. 5:19). Reconciliation requires that we not count our opponent's sins against them. It requires that we bear our grief with one another, recognizing the pain and conflict we have caused one another. Reconciliation takes a moment to stop and lament the pain that has deeply wounded all parties involved.

Finally, true reconciliation moves on from lament to find hope. This message of reconciliation from Christ is the hope of the world. And this hope does not disappoint because it is hope that has been given to us through the love of God poured into our hearts. (Romans 5:5) This hope means salvation from death unto life. We have been reconciled to God by the death of His Son so that we may be saved by His life. (Romans 5:10) It may seem like unification for Korea is hopeless at times, but through reconciliation, we have hope. The path to unification in Korea must first lead to reconciliation. Reconciliation is the key to peace for the Korean nation.

Prayer Points

✝ Ask God to make you His ambassador for Jesus Christ.

✝ Lift up a prayer of lament to God on behalf of those who are in pain and conflict.

✝ Pray for reconciliation between North and South Korea., Pray that this reconciliation will lead to hope for a New Korea.

내 영을 새롭게 하자

화해의 첫 번째 단계는 문제가 존재한다는 사실을 인식하는 것입니다. 죄의 고백은 부흥의 길을 엽니다. 이사야서 40장 3~5절은 하나님의 영광을 받기 위해 준비하는 길을 묘사하고 있습니다. "외치는 자의 소리여 이르되 너희는 광야에서 여호와의 길을 예비하라 사막에서 우리 하나님의 대로를 평탄하게 하라 골짜기마다 돋우어지며 산마다, 언덕마다 낮아지며 고르지 아니한 곳이 평탄하게 되며 험한 곳이 평지가 될 것이요 여호와의 영광이 나타나고 모든 육체가 그것을 함께 보리라 이는 여호와의 입이 말씀하셨느니라"

이 구절은 우리 마음의 광야에서 죄를 없애는 것을 나타낸 것입니다. 골짜기는 주님 앞에서 우리 삶에 나타나는 불안정함과 부족함을 말하는 것이며, 산과 언덕은 하나님과 우리 사이를 막는 교만과 같은 장애물을 의미합니다. 고르지 않은 곳과 험한 곳은 우리의 불완전성과 우리를 위한 하나님의 길에서 떠나버린 우리의 모습을 의미합니다. 죄의 회개는 우리 삶에 주님의 영광을 다시 오시게 할 수 있는 길을 엽니다.

우리가 한 나라를 섬기기 전에 먼저 우리 자신을 점검해야 합니다. 그리스도의 몸 된 우리는 마음속에 있는 견고한 진들을 하나님께서 다루시기를 구해야 합니다. 우리 개개인의 삶에 임하는 하나님의 회복만이 우리를 열방을 향한 축복의 통로가 되게 합니다.

19세기가 되었을 때, 하나님의 영이 전 세계를 놀라운 방식으로 휩쓸었습니다. 부흥의 물결이 웨일즈와 인도를 거쳐 1907년에 한국까지 흘러오게 되었습니다. 성경의 오순절과 같은 일이 일어난 것입니다. 수천 명의 사람들이 무릎을 꿇고 그들의 죄를 회개하며 그리스도께 나아왔습니다. 당시 평양에 성령의 임재가 너무나도 강력하여 믿는 자들이 복음의 기본을 전하기만 하면 사람들이 곧 울며 죄를 회개하고 그리스도를 구주로 영접하였습니다.

평양의 부흥으로 당시 한반도의 교회는 엄청난 성장을 이뤘으며 수많은 교회 지도자들이 일어났습니다. 오늘날에도 북한은 평양이 한국 기독교 운동의 진원지임을 인정하고 있습니다. 그러나 한국 전쟁이 발발하고 나서 수많은 크리스천들이 남쪽으로 피신했습니다. 북한은 크리스천들을 심하게 박해했고 크리스천들은 감추어져 숨겨지게 압박했습니다.

하나님께서는 다시 한 번 북한 땅이 강력한 성령의 임재를 경험하기를 원하십니다. 기도와 회개는 북한을 여는 영적 열쇠입니다. 우리가 겸손한 자세로 우리 죄를 고백하고 남한과 북한의 사람들 모두를 위해 기도할 때, 하나님께서는 한반도 전체를 회복하고 치유하실 것입니다! 역대하 7장 14절은 우리에게 이렇게 도전합니다. "내 이름으로 일컫는 내 백성이 그들의 악한 길에서 떠나 스스로 낮추고 기도하여 내 얼굴을 찾으면 내가 하늘에서 듣고 그들의 죄를 사하고 그들의 땅을 고칠지라"

하나님의 백성으로서 우리가 겸손하게 우리의 죄를 고백하고 하나님의 얼굴을 구하면 하나님께서는 그 땅, 그 민족, 그 나라에 치유와 회복을 허락하실 것입니다. 북한 땅에 영적 부흥이 시작되도록 성령의 기름부음을 사모하며 나아갑시다.

오늘의 기도제목

✝ 하나님께서 우리가 당신을 위해 불타오를 수 있도록 마음을 새롭게 하고 뜨겁게 해 달라고.

✝ 남한과 북한의 사람들이 스스로를 낮추고 그들의 죄를 고백하며 하나님의 얼굴을 구하게 되기를 기도하기.

✝ 남한과 북한에 성령의 부흥이 다시 일어나기를 기도하기.

하나님께서는 다시 한 번 북한 땅이 강력한 성령의 임재를 경험하기 원하십니다.
우리가 겸손한 자세로 우리 죄를 고백하고 남한과 북한의 사람들을 위해 기도할 때,
하나님께서는 한반도 전체를 회복하고 치유하실 것입니다!

Day 18

REVIVING OUR SOULS- PRAYING FOR A REVISITATION OF THE HOLY SPIRIT

The first step to reconciliation is recognizing that there is a problem. Confession of sin paves the road to revival. Isaiah 40:3-5 describes the road that is ready to receive God's glory:

"Clear the way through the wilderness for the Lord! Make a straight highway through the wasteland for our God! Fill in the valleys, and level the mountains and hills. Straighten the curves, and smooth out the rough places. Then the glory of the Lord will be revealed, and all the people will see it together."

This passage is describing clearing our sin from the wasteland of our hearts. The valleys are places in our lives that are insufficient, insecure before the Lord. The mountains and hills are our pride and other obstacles between God and us. The curves and rough places are our imperfections and places where we have turned away from God's path for us. Repenting of our sins welcomes the glory of the Lord in our lives.

But, before we can serve a nation, we must first examine ourselves. As the body of believers, we are called to ask God to have his way in the strongholds of our own hearts. Only with God's restoration in our personal lives can we be agents of blessing to the nations.

At the turn of the 19th century, God's Spirit swept the world in miraculous ways. A wave of revival washed Wales, India, and eventually Korea in 1907. The Pentecost of the Bible came alive in modern day. Thousands of people fell on their knees, confessed their sins, and came to Christ. In fact, the Holy Spirit's presence was so powerful at that time in Pyongyang, that all one had to do was share the basic tenants of the Gospel to an unbeliever and the individual would soon be repenting of sins, weeping, and accepting Christ as Savior.

The Korean revival in Pyongyang resulted in an enormous growth of the Korean church and a rising up of church leaders. Even today, North Korea admits that Pyongyang was the birthplace of the Christian movement in Korea. But when the Korean War broke out, millions of Christians fled to the South. North Korea heavily persecuted Christians, forcing any Christians that remained to become hidden.

God desires for North Korea to once again experience a great outpouring of the Holy Spirit. Prayer and repentance are the keys to spiritually unlocking the nation of North Korea. As we humble ourselves, confess our sins, and pray for the people of North and South Korea, God will restore and heal the nation of Korea! 2 Chron. 7:14 challenges that, "If my people, who are called by my name, will humble themselves and pray and seek my face and turn from their wicked ways, then will I hear from heaven and will forgive their sin and will heal their land."

And, as we, the people of God, humble ourselves, confess our sins, and seek God's face, God will bring healing and restoration to the land, to the people, and to the nation. Let us go forth in the anointing of God's Holy Spirit to usher in a spiritual revival in the nation of North Korea for Him.

Prayer Points

✦ Pray for God to revive and stir your heart to be on fire for Him.

✦ Pray for Koreans to humble themselves, confess their sins, and seek God's face.

✦ Pray for a Holy Spirit revival in both North and South Korea.

빛과 소금된 증인이 되자

하나님의 영광은 우리에 기도로 만이 아니라 북한 안에 살고 있는 빛과 소금 같은 개개인의 삶을 통하여 그 땅 가운데 회복될 것입니다. 마태복음 18장 20절에는 "두세 사람이 내 이름으로 모인 곳에는 나도 그들 중에 있느니라"라고 나와 있습니다. 북한 안에 있는 크리스천들의 존재로 인하여 주님의 특별한 임재가 그 땅 가운데 있게 될 것입니다. 결국 하나님의 임재가 그 나라를 변화시킬 것입니다.

하나님이신 예수님께서 우리 가운데 인간으로 오셨습니

다. 이는 그분께서 인간과 완전히 동일시 하기 위해 인간의 육신과 성품을 취하셨다는 뜻입니다. 셔우드 링겐펠터(Sherwood Lingenfelter)는 이것을 다음과 같이 설명합니다. "성경은 예수 그리스도만이 모든 인간관계와 역사 속에서 볼 수 있는 신성한 사랑의 유일하고 신뢰할 수 있는 증거임을 모든 문화권의 모든 사람들에게 말하고 있다."[5] 세상을 구원하기 위해 하나님께서는 우리를 사랑하사, 독생자 예수를 이 땅에 보내셨습니다.(요한복음 3:16) 우리가 세상을 향한 하나님의 사랑을 입었다면, 우리 역시 세상으로 나아가 많은 이의 구원을 위해 그 상황과 환경 속에 녹아들어야 합니다.

성육신적 사역은 두 가지 주요한 측면을 가지고 있습니다. 첫째는 그리스도를 다른 이들에게 전하는 것입니다. 예수님은 우리와 함께하신 하나님이셨습니다. 우리 역시 성령의 능력으로 그들 안에서 거룩한 삶을 살면서 다른 사람들을 그리스도께로 인도하는 성육신적 삶을 살아야합니다.

성육신적 사역의 두 번째 측면은 예수님께서 우리 가운데 사시며 관계를 발전시키시고 하나님의 사랑을 세상에 나타내신 것

5. 셔우드 링겐펠터, 마빈 메이어스 (Lingenfelter, Sherwood and Marvin Mayers)「Ministering Cross-Culturally: An Incarnational Model for Personal Relationships」, Baker Academic, Grand Rapids, Michigan. 2003.

입니다. 이는 우리가 거룩하게 살 뿐만 아니라 하나님께서 부르신 그들 가운데 나아가 함께 살아갈 것을 요구하는 것입니다.

북한으로 사역자들을 보내야 한다면 그들을 어디서 찾을 수 있을까요? 현재, 매년 수십만 명의 중국인들이 북한에 들어가고 있습니다. 어떤 이들은 사업을 이유로, 어떤 이들은 여행으로 북한을 방문합니다. 그토록 많은 세상 사람들이 북한에 방문하고 있다면 과연 크리스천들은 어디에 있을까요? 기회의 창문은 바로 여기에 열려 있습니다. 북한 출입이 가능하며 그 곳에서 일하며 살 수 있는 준비된 사람들에게 우리의 초점을 맞춰야 합니다.

하나님께서는 과거 1907년 평양 대부흥을 통하여 강권적으로 일하셨습니다. 그리고 그분은 그 같은 역사를 다시 이루실 수 있는 분입니다. 하나님께서는 세상에서 구별되어 의롭고 거룩하도록 남한의 교회들 가운데 일하고 계십니다. 하나님께서는 한반도 분단 가운데 일하시며 개인과 공동체가 통일을 향해 매진하도록 하십니다. 하나님께서는 북한의 남은 자들을 구원하고 계십니다. 그리고 그분은 그 어둠의 땅에 자신의 전권대사로서 크리스천 사역자들을 보내고 계십니다.

오늘의 기도제목

🕆 북한을 위해 기도할 때, 당신이 주변 사람들에게
그리스도의 증인이 되기를 간구하기.

🕆 크리스천 사역자들이 그리스도의 빛과 소금의 역할을 하며
북한 사람들과 친밀한 관계를 형성할 수 있도록.

🕆 중국과 몽골, 러시아 또는 다른 국가의 크리스천
사역자들이 북한에 들어가 그 땅을 섬기게 되기를.

하나님께서는 한반도 분단 가운데 일하시며 개인과 공동체가
통일을 향해 매진하도록 하십니다.
하나님께서는 북한의 남은 자들을 구원하고 계십니다.
하나님의 임재가 북한을 그리스도를 위한 국가로 변화시킬 것입니다.

WITNESSING AS SALT AND LIGHT

It is through the lives of individuals, living in North Korea, being the Salt and the Light that God's glory will return. As Matthew 18:20 states, "Where two or three come together in my name, there am I with them." Christian presence in North Korea ushers in the special, corporate presence of the Lord. Ultimately, it is God's presence that will transform the nation for Christ.

Jesus was God incarnate with us; that is, he took on human

flesh and nature in order to fully understand and identify with humanity. Sherwood Lingenfelter described it in this way, "The Bible speaks to all people and all cultures that Jesus Christ is the only faithful example of divine love in interpersonal relationships and communication."[5] In order to save the world, God sent his only son, Jesus, because God loves us. (John 3:16) When we are consumed with God's love for the world, we, too, will want to go out, incarnate ourselves into that context, for the salvation of many.

Incarnational ministry has two major aspects. The first is to bring Christ to others. Jesus was God with us. We, too, in the power of the Holy Spirit need to live among other people incarnationally through godly lives in order to bring Christ to others.

The second aspect of the incarnation is that Jesus lived among us, built relationships, and demonstrated the love of God to the world. This requires us not only to be godly but

---

5. Lingenfelter, Sherwood and Marvin Mayers. 「Ministering Cross-Culturally: An Incarnational Model for Personal Relationships」, Baker Academic, Grand Rapids, Michigan. 2003.

also to also go and live among those to whom God has called.

If we must send workers into North Korea, where are those workers? Currently, every year hundreds of thousands of Chinese citizens enter into North Korea. Some enter for business, others for tourism. If so many secular people can enter into North Korea, where are the Christians? The window of opportunity is here. We need to focus on those who are equipped and capable of entering, working, and living inside North Korea.

God has worked mightily in the past through the 1907 Pyongyang revival, and he can do it again. God is working in the churches of South Korea, challenging them to be set apart from the world, holy, and righteous. God is working in the midst of North and South Korea's division, challenging individuals and groups to work towards unification. God is saving his remnant in North Korea, and he is sending in Christian workers to be his ambassadors in that dark land.

Prayer Points

* Pray that you will be a witness to those around you as you pray for North Korea.

* Pray for Christian workers to develop close relationships with North Koreans and to be able to influence them as the Salt and Light of Christ.

* Pray for Christian workers from China, Mongolia, Russia, and other nations to go and serve in North Korea.

교회를 세우자

북한을 위해 기도하는 목적은 그 땅에서 하나님의 교회가 성장하는 것을 보기 위해서입니다. 아버지께서는 '모든 사람이 구원을 받으며 진리를 아는 데에 이르는 것'(디모데전서 2:4)을 보기 원하십니다. 우리의 궁극적인 소망은 북한에 있는 사람들이 예수 그리스도를 알게 되어 그분을 자신들의 구주로 영접하는 것을 보는 것입니다.

크리스천으로서 우리의 목표는 하나님께서 북한을 바라보시는 것처럼 그 땅을 바라보는 것입니다. 하나님께서는 우리가 여호수아와 갈렙의 시각을 갖게 되기를 원하십니다. 민수기 13장에서 이스라엘 사람들은 12명의 정탐꾼을 보내어 약속의 땅을 알아보게 합니다. 정탐꾼들 모두가 약속의 땅이 젖과 꿀이 흐르는 땅이라는 점에는 동의했지만 오직 여호수아와 갈렙만이 하나님의 도움으로 그 땅을 정복할 수 있다고 믿었습니다. 그러나 대부분의 정탐꾼들은 그 땅의 강한 거주민과 견고한 성읍에 압도되어 주저할 뿐이었습니다. 그러나 여호수아와 갈렙은 하나님께서 그들로 하여금 그 땅을 소유하게 하실 수 있다는 사실을 굳게 믿었습니다. 민수기 13장 30절에서 여호수아는 그 땅을 능히 취할 수 있노라고 다른 사람들을 격려합니다. 민수기 14장 8절에서 여호수아와 갈렙은 "여호와께서 우리를 기뻐하시면 우리를 그 땅으로 인도하여 들이시고 그 땅을 우리에게 주시리라"고 선포합니다.

우리는 여호수아와 갈렙의 믿음을 가져야 합니다. 우리는 적들의 슬픔과 잔혹함을 떨쳐버려야 합니다. 우리는 하나님께서 그 땅 가운데 역사하고 계신 일들과 하나님께서 그 땅을 향해 가지고 계신 마음에 집중해야 합니다. 하나님께서 우리를 기뻐하시면, 우리는 반드시 해낼 수 있습니다! 우리는 적들이 하고 있는 일들이 아니라, 하나님께서 이미 시작하신 일들을 위해 기도해야 합니다. 하나님께서 우리의 중심이 되십니다. 우리는 하나님의 눈으로 북한을 바라보아야 합니다! 세상이 우리에게 주는 많은 시각들과는 다르게, 하나님께서는 북한을 사랑하고 아끼는 마음으로 바라보고 계십니다. 하나님께서는 북한 사람들이 다시 그분께 돌아오기를 열망하십니다. 하나님께서는 잃어버린 한 마리 양을 찾고 계십니다.

우리가 북한과 열방을 향해 나아갈 때, 우리의 목표는 주님을 위한 사랑과 열정을 전하는 것에 있습니다. 교회는 그리스도의 신부이자 그의 백성입니다. 요한계시록 21장 2~7절에는 하나님께서 그분의 백성들 가운데 집을 지으시고, 그 백성들을 신랑을 위해 단장한 신부와 같이 만드신다고 나와 있습니다. 요한계시록 7장 9절은 그의 신부를 '각 나라와 족속과 백성과 방언에서 아무도 능히 셀 수 없는 큰 무리가 나와 흰 옷을 입고 보좌 앞과 어린 양 앞에 서 있는 모습'으로 설명하고 있습니다. 신부는 "구원하심이 보좌에 앉으신 우리 하나님과 어린양께 있도다"(요한계시록 7:10)라고 하나님을 찬양하게 됩니다. 하나님의 백성으로서 우리는 주님을 경배하도록 되어있습니다. 우리의 임무는 그리스도의 신부로서 전능하신 하나님이자 우리의 주님이신 그분을 경배하는데 참여하도록 다른 사람들을 모든 민족과 족속가운데서 모으는 것입니다. 다시 오실 그리스도를 위하여 하나님의 백성들이 그리스도의 신부로 준비될 수 있도록 해야 합니다.

우리의 최종 목적은 북한 사람들이 하나님과 화목하게 되는 것을 보는 것입니다. 그 땅 가운데 하나님의 영광이 회복되는 것을 보는 것이 우리의 목표입니다. 우리가 북한을 바라볼 때, 우리의 눈은 예수님을 바라보며, 하나님께서 북한의 중심에서 하고 계신 일과 앞으로 하실 일들에 집중하기 원합니다. 무엇보다도, 어떤 일을 하든지 우리는 하나님의 나라가 임하기를 소망해야 합니다. 그분의 뜻은 하늘에서와 같이 땅에서도 이루어질 것입니다!

오늘의 기도제목

✝북한을 위해서 기도할 때, 하나님께서 당신에게 믿음을 더하시고, 여호수아와 갈렙의 결단력을 허락하시기를.

✝북한에 숨겨져 감추어진 그리스도인들이 보호되어지고 성장하기를 위해.

✝북한과 남한 교회의 사람들이 모두 그리스도의 순결한 신부로 준비되기를. 또한 그들이 모든 민족과 족속, 방언에서 사람들을 모아 그리스도의 몸을 이루게 할 수 있도록.

우리는 하나님의 눈으로 북한을 바라보아야 합니다!
하나님께서는 북한 사람들이 다시 당신께 돌아오기를 열망하십니다.
우리의 최종 목적은 북한 사람들이 하나님과 화목하게 되는 것을 보는 것입니다.

BUILDING THE CHURCH

The purpose of praying for North Korea is to see the growth of the church in that land. The heart of the Father is to see "all people to be saved and to come to the knowledge of the truth" (I Timothy 2:4). Our ultimate desire is to see the people of North Korea come to a knowledge of Jesus Christ and accept Him as their Lord and Savior.

As Christians, our aim should be to see North Korea as God sees it. God is calling us to have the eyes of Joshua and Caleb.

In Numbers 13, the Israelites explored the Promised Land by sending twelve spies into the land. All of the spies agreed that the Promised Land was a land flowing with milk and honey, but only Joshua and Caleb believed that they could conquer it with God's help. The rest of the Israelites were overwhelmed by the strength of the people living there and the fortification of their cities. But, Joshua and Caleb believed that God would enable them to posses the Promised Land. In Numbers 13:30, Joshua encouraged all the people that they could certainly conquer the land. In 14:8, Joshua and Caleb exclaimed, "If the Lord is pleased with us, we can certainly do it!"

We need to have faith like Joshua and Caleb. We need to walk away from the sadness and atrocities of the enemy. We should focus on what God is doing in the country and have the attitude that, if God is pleased with us, we can certainly do it! We need to start praying for what God is already doing, not about what the enemy has been doing. God is to be our focal center. We should see North Korea through God's eyes! Despite the many views the world imposes upon us, God sees North Korea as a people he loves and cherishes. He is eager for them to come back to him. He is searching for that one, lost sheep.

As we reach out to North Koreans and the nations of the world, our aim should be to transmit this love and passion for our Lord. The church is the Bride of Christ, His people. Revelations 21:2-7 teaches us that God will make his home among his people, a people like a bride beautifully dressed for her husband. Revelations 7:9 says that his bride will consist of "a vast crowd, too great to count, from every nation and tribe and people and language, standing in front of the throne and before the Lamb." The bride will be praising God and saying, "Salvation comes from our God who sits on the throne and from the Lamb" (Rev. 7:10). As the people of God, we are to worship the Lord. Our task is to bring others, from every people group, as the bride of Christ, into worshipping the Lord, God Almighty. We prepare the bride of Christ by preparing God's people for Christ's second return.

The ultimate goal is to see North Koreans reconciled with God. Our aim is to see God's glory return to that land. As we look to North Korea, we want to keep our eyes fixed on Jesus and to focus on what God is doing and will do in the hearts of North Koreans. Above all, in whatever we do, we desire for God's Kingdom to come, His will be done, on earth as it is in heaven!

Prayer Points

✝ Pray for God to give you more faith and the determination of Joshua and Caleb as you pray for North Korea.

✝ Pray for the protection and growth of the hidden Christians in North Korea.

✝ Pray for Christians in both North and South Korea to be prepared as a pure bride for Christ and to be agents of bringing in peoples from every nation, tribe, and tongue into the Body of Christ.

주 안에서
불가능은 없다는 사실을 믿자

북한은 외부 세계가 보기엔 이해하기 힘든 불가사의한 국가입니다. 전 세계 어떤 나라와도 같지 않습니다. 북한 정부는 완전한 사회주의 국가로서 나라를 운영하고 있습니다. 그리고 다른 공산권 국가들과는 다르게 공산 이념 뿐 아니라 독자의 주체사상으로 통치되고 있습니다. 이러한 주체사상과 이념에 대한 분명한 이해 없이 전 세계 국가들은 북한을 오해하고 있습니다.

그러나 하나님은 북한 사람들이 당신의 영광을 위해 살고 그들의 삶을 통해 당신의 뜻을 이루기를 원하십니다. 하나님께서는 북한의 교회들이 다시 일어나기를 바라고 계십니다. 가혹한 박해를 견뎌낸 북한 교회가 자신들을 위해 준비하신 하나님의 축복을 받게 되기를 열망하십니다.

우리 하나님께서는 삶을 바꾸는 역사를 진행하고 계십니다. 우리 삶을 바꾸신 그분은 계속해서 우리를 자신의 형상으로 변화시키십니다. 그러한 하나님께서는 북한에 살고 있는 한 사람, 한 사람을 변화시킬 수 있으십니다. 아니, 그것을 뛰어넘어 하나님은 자신의 영광을 위해 북한 땅 전체를 변혁시키고자 하십니다.

하나님께서는 우리가 불가능한 상황 속에서도 견고히 믿기를 원하십니다. 마태복음 19장 26절에는 "하나님으로서는 다 하실 수 있느니라"라고 기록되어 있습니다. 하나님께서는 북한을 포함한 전 세계 모든 지역에서 사람들이 순종 가운데 믿음으로 당신께 나아가길 원하십니다. 하나님에겐 너무나 어려운 지역도, 너무나 강퍅한 마음도, 너무나 값비싼 사역도, 너무나 견고한 법도 없습니다. 그분은 다 하실 수 있습니다. 하나님이 당신의 뜻을 이루기 위해 우릴 부르시고 구비시키셨다면 어떤 것도 불가능하지 않습니다.

오늘의 기도 제목

❋ 하나님께서 당신을 통해 북한에 불가능한 일을 행하시기를,

❋ 북한 땅에서 인간적인 시각으로 불가능해 보이는 일들이
  그곳에 살고 있는 크리스천들을 통해 가능해 질 수 있도록.

❋ 하나님의 영광을 위하여 남북한 모두에 변혁의 역사가
  일어나도록.

하나님께서는 삶을 바꾸는 역사를 진행하고 계십니다.
우리 삶을 바꾸신 그분은 북한에 살고 있는 한 사람,
한 사람을 변화시킬 수 있으십니다.
하나님은 자신의 영광을 위해 북한 땅 전체를 끝내 변혁시키실 것입니다.

BELIEVING THE IMPOSSIBLE FOR NORTH KOREA!

North Korea is a land of mystery to the outside world. It is unlike any other nation of the world. The government operates the country as an authentic, socialist society. And unlike any other communist nation, North Korea is governed not only by communist ideals but also by an original Juche philosophy. Without clearly understanding these philosophies and ideals, many nations around the world misunderstand the nation of North Korea.

Yet, God desires for the people of North Korea to live for His glory, fulfilling His purposes for their lives. He desires for the church of North Korea to rise up, receiving the blessings. He has for them as they have endured and persevered in the midst of severe persecution.

Our God is in the business of changing lives. He has changed our lives and continues to transform us into His image. And He can also change the lives of individuals in North Korea. More than that, God desires to transform the entire nation for His glory!

God is calling us to believe in the impossible. As Matthew 19:26 states, "With God all things are possible." God is calling us to step out in faith, walk in obedience to him, in all areas of the world, including North Korea. No place is too difficult, no hearts too hard, no project too expensive, no laws too strict for God. Nothing is impossible when God has called us and equipped us to do His Will.

Prayer Points

☀ Pray for God to do impossible things through you for North Korea!

☀ Pray for humanly impossible things to become possible through Christians living and working in North Korea!

☀ Pray for God to transform the nations of North and South Korea for His glory!

하나님께서는 궁극적으로 북한 사람들이 하나님을 자신들의 주님이자 구원자로 알게 되기를 원하십니다. 이 일이 일어나기 위해서는 북한 사람들이 주님을 향해 마음을 돌이켜야 합니다. 북한 사람들의 마음이 주님께 돌아서는 것과 함께 우린 그 땅에 거대한 부흥이 일어나기를 기도해야 합니다.

Prayer Note

Prayer Note

Prayer Note

Prayer Note

Prayer Note